Harald Hartung
Ein Unterton von Glück

Harald Hartung

Ein Unterton von Glück

Über Dichter und Gedichte

WALLSTEIN VERLAG

Autor und Verlag danken Ursula Haeusgen und der
Stiftung Lyrik-Kabinett
für die großzügige Unterstützung.

Inhalt

Die Sache der Hände

Eine schüchterne Erinnerung

I

Der klassische Satz zur Situation des Lyrikers unter seinesgleichen stammt von William Butler Yeats, der als junger Mann Mitglied eines Dichterclubs war. »Was unsere Aussichten betrifft«, sagte er, »steht nur eines fest; daß wir zu viele sind.« Er wird aber genau gewußt haben, daß sein Pessimismus niemand vom Dichten abschreckte. Denn keine andere Kunst empfängt ihre Adepten so freundlich wie die Lyrik. Als Hardware genügt – laut Enzensberger – ein Bleistiftstummel, für die Software ist kaum etwas Zwingendes vorgeschrieben.

Nie habe ich in dem bekannten Fragebogen auf die Frage, welche natürliche Gabe man besitzen möchte, die Antwort »Gedichte schreiben« gelesen – immer wieder aber »Klavierspielen«, manchmal auch »Malen« – also Fähigkeiten, zu deren »Natürlichkeit« ein gerüttelt Maß an Kenntnis, Fertigkeit und Training gehört. Die technischen Standards sind hoch, der Weg zur Meisterschaft ist steinig, der Dilettantismus leicht zu entlarven. Es fragt sich schon, ob das noch für die Malerei gilt, wo das sogenannte Kreative grassiert. Dennoch vermag sich der Begriff des Handwerks, wie angefochten er sonst sein mag, dort leidlich zu halten, wo tatsächlich die Hände im Spiel sind. Nicht so in der Lyrik. Da ist Handwerk eher negativ besetzt; als sekundäre, womöglich subalterne Kategorie. Persönliche Poetologien, die das Geschäft des Dichtens mystifizieren, sind allerorts im Schwange, nicht zuletzt weil sie in Form von gutbezahlten Poetikdozenturen zu Buche schlagen. Lyrisches Handwerk im elementaren Sinne dagegen wird kaum diskutiert. Wer Handwerkliches reklamiert, begegnet – wie auch sonst in der Kunst – dem Vorwurf, er wolle sich der Irritation durch das Unbekannte und Neue entziehen. Man muß aber kein Banause sein, um Baudelaires *Voyage* zur Tiefe des Unbekannten »pour trouver du *nouveau*«, nach zuviel selbsternannter Avantgarde, zum Klischee des Kunstbetriebs, zum inflationären Begriff »Innovation«, abgesunken zu sehen.

Möge die Malerei sehen, wo sie bleibt. Aber daß der lyrische Dilettantismus als Massenphänomen eher mit dem Mangel an Handwerk als mit den subtileren Problemen der Lyrik zu tun hat, dürfte schwerlich zu leugnen sein. Die Klage ist alt. »Weil ein Vers dir gelingt in einer gebildeten Sprache, / Die für dich dichtet und denkt, glaubst du schon Dichter zu sein.« – Schillers Epigramm setzt immerhin voraus, daß dem Dilettanten um 1800 ein regelgerechter Vers gelingt (zum Beispiel ein Distichon; doch welcher Germanistikstudent, welcher Rundfunksprecher vermag noch Distichen oder Oden angemessen zu sprechen?). Mit dem 20. Jahrhundert demokratisierte sich der Dilettantismus, wurde das bildungsbürgerliche Klassen- zum Massenphänomen. So waren spätere Kritiker skeptischer; allergisch schon gegen den schreibenden Typus. »Von Anfang an eine unglückliche Veranlagung, Hang zum Sinnieren, rasch beleidigt sein, dann wieder alles so schön finden« – ein antizipiertes Porträt des neudeutschen Betroffenheitspoeten? Nein, so sieht Bertolt Brecht 1927 den Verseschreiber als statistisches Mittel aus 400 (vierhundert) jungen Lyrikern.

Die Einsenderzahlen gingen nicht zurück. Für einen Lyrikwettbewerb der Neuen Deutschen Hefte 1955 sandten 1427 hoffnungsvolle Poeten ein, darunter auch 8 aus dem »sowjetisch besetzten Teil Deutschlands«. Die Juroren – Joachim Günther und Rudolf Hartung – verliehen übrigens alle drei Preise an Frauen, an die Österreicherinnen Christine Busta, Christine Lavant und Doris Mühringer. Einige Jahrzehnte später, beim 6. »Literarischen März« 1989, waren es 857 Kandidaten, alle unter 35; und Karl Krolow, auf die Qualität der Einsendungen angesprochen, befand freundlich-zynisch: »Es wäre entsetzlich, wenn lauter Genies auf uns zukämen.«

Das war auch nicht zu befürchten. Im gleichen März war ein Rundumschlag erschienen, der nicht bloß die Hobby-Poeten und die Lyrik-Aspiranten traf, sondern auch die Profis, nämlich Hans Magnus Enzensbergers »Meldungen vom lyrischen Betrieb« (nachzulesen in dem Band *Zickzack*). Da konstatierte der Berichterstatter, daß weit mehr Gedichte geschrieben als gelesen werden; daß es für anspruchsvolle Gedichtbände in jeder Population allenfalls ± 1354 Leser gibt; daß selbst »professionelle« Lyrikschreiber die Produktion der Kollegen kaum zur Kenntnis nehmen; daß viel mehr Leute an Diskussionen über Lyrik als an dieser selbst interessiert sind. Die anschließende Musterung einer repräsentativen Anthologie (Hans Benders *Was sind das für Zeiten*) fiel überdies vernichtend aus. Mit klug und böse gewählten Zitaten belegte Enzensbergers Kritik die intellektuellen und sprachlichen Defizite einiger Beiträger und sah die herkömmliche Opposition von »traditioneller« und »experimenteller« Dichtung im Dilettantismus aufgelöst. Gegen Schluß gab er sich ratlos und beließ es in Hinsicht auf den Stand der deutschsprachigen Lyrik bei Fragezeichen: »Historische Erschöpfung? Postmoderne Wurstigkeit? Sekundäres Analphabetentum?«

Das hat polemisch zehn Jahre vorgehalten, so scheint es; und vielleicht würden neuere Anthologien eine freundlichere Bilanz ermöglichen. Die Lyriker der einstmals Neuen Sensibilität, die zwischen Pizza und Bier ihre Befindlichkeit erörterten, sind auch schon wieder abgetreten und werden von ihren jüngeren Nachrückern, die das Experiment wiederentdeckten, verhöhnt oder ignoriert. Anthologisten, die in den ausgehenden Achtzigern die Montagekunst favorisierten, sowie das »multiple Ich«, das diese hervorbringt, nehmen alle hochfahrende Programmatik zurück. »Es dominieren die Reprisen, Rekonstruktionen, Übermalungen und kunstvollen Fortschreibungen«, heißt es im Nachwort zu der von Michael Braun und Hans Thill edierten Sammlung *Das verlorene Alphabet* (1998). An die Stelle der soziokulturellen Diskussion sind die kleinen, feinen Diskurse getreten, das Abschmecken des Selbst-Angerichteten, die sensible Erörterung individueller Poetologien. Alles von Insidern für Insider. So auf hohem Niveau in dem Band *Die Schweizer Korrektur* (1995). In diesem Diskurs aus den drei Stimmen von Durs Grünbein, Brigitte Oleschinski und Peter Waterhouse steht Technisches, Handwerkliches im engeren Sinne nicht zur Debatte. Der Feinsinn triumphiert.

Um so erstaunlicher, daß eine jüngere Lyrikerin den Mut gehabt hat, die grundlegenden Fragen noch einmal zu stellen. Kerstin Hensel schrieb unter dem Titel *Aufforderung zur*

Faulheit? eine kleine Polemik zum freien Vers (*Das Gedicht*, Oktober 1998). Von Freiheit sei erst zu sprechen, wenn der Dichter weiß, wovon er sich freimacht; zu Flattersatz gebrochene Zeilen seien noch keine Verse; es gebe in der heutigen Dichtung kaum noch Zitier-, also Merkbares; man *suche* nach Worten, anstatt sie zu *finden* usw.; dazu als schärfste Spitze die These: »ein Dichter darf nicht sprachlos sein, lieber sollte er schweigen.« Was Kerstin Hensel vorbringt, ist nicht neu; aber daß jemand Jüngeres und nicht etwa ein Veteran auf so elementare Fragen zurückkommt, finde ich bemerkenswert. Vielleicht sollte man doch noch einmal nach dem Handwerk fragen?

II

Was waren das für Zeiten, in denen das Handwerk noch geholfen hat. Es waren durchaus nicht nur die Zeiten von Hans Sachs, sondern – beispielsweise – die von Ezra Pound, einem der Pioniere der modernen Lyrik. Der Ausdruck *Pionier* ist nicht ganz fehl am Platze, denn der Amerikaner Pound sah sich gezwungen, sich seine Tradition wie seinen Avantgardismus selbst zu zimmern. Er rief nicht bloß neue Stilbegriffe in die Welt (Imagismus, Vortizismus), er entwickelte auch ein didaktisches Programm, eine locker geordnete, aber konsistente Handwerkslehre mit einer Fülle von Winken, die Anfängern wie Fortgeschrittenen immer noch nützlich sein könnten. Sie sind in den Essays von *Wort und Weise* (motz el son) gesammelt, und man kann Pounds Aufforderung »Hier graben!« nur wiederholen. Pound glaubte, pionierhaft robust, an Lehrpläne und Lektionen. »Notwendig ist zunächst die Aufstellung einer *Liste von Geboten* für diejenigen, die anfangen, Verse zu schreiben«, dekretiert er 1913 in der Zeitschrift *Poetry*. »Glaube nicht etwa, daß die Dichtkunst einfacher sei als die Kunst der Musik oder daß du den Kenner befriedigen kannst, solange du dir nicht mindestens soviel Mühe mit der Dichtkunst gegeben hast wie der durchschnittliche Klavierlehrer mit der Kunst der Musik.«

Wem diese Drohung mit dem Klavierlehrer nicht imponiert, der wird doch manche von Pounds Ratschlägen für brauchbar halten. Für Lyrik-Workshops könnte Pounds Programm als

Stützkorsett aller didaktischen Bemühungen fungieren. Man muß freilich Geschmack an angelsächsischer Pragmatik finden und keine poetischen Wunderresultate erwarten. Durchaus pragmatisch gedacht war ja Pounds Hauptthese: »Große Literatur ist einfach Sprache, die bis zu den Grenzen des Möglichen mit Sinn geladen ist«; und diese Aufladung wollte er durch *Melo-*, *Phano-* und *Logopoeia*, durch *Image*, *Ideogramm* und *Persona* bewirken. Daß Pound sich von der Poesie eine Reinigung der Sprache, der Gesellschaft, des politischen Systems erhoffte, führte ihn auf seinen politischen Irrweg; nicht das Handwerk, sondern die Hypostasierung der Poesie, die mit USURA aufräumen sollte, oder, wenn man schon das Handwerk einbeziehen will, die Vorstellung, es müsse einen goldenen Boden haben. »Daß das Land seine 5 bis 10 besten Autoren nicht ernähren will«, schrieb Pound an den Kollegen Louis Zukofsky, sei der springende Punkt seiner Geldtheorien für die Vereinigten Staaten.

Im alten Europa war solch robuste, zuletzt aber hybride Pragmatik nicht vorstellbar. Man darf aber nicht vergessen, daß Eliots *Waste Land*, das Haupt- und Bravourstück der lyrischen Avantgarde, Pounds Hebammendienst der schöpferischen Kürzung und Präzisierung des Poems durch eine Widmung huldigt, die die Handwerksmetapher zitierend, Dante zitierend! wiederbelebt: »For Ezra Pound«, hieß es da, *»il miglior fabbro.«*

Verseschmied, Verseschmieden – das sind 1922/23, da zum *Waste Land* Valérys *Charmes* und Rilkes *Duineser Elegien* treten, sehr ehrwürdige, aber auch obsolete Metaphern. Doch man weiß, wie sehr Valéry sich vom Machen fasziniert zeigte und die Regeln als »chaînes exquises« und Erschwerung seiner Arbeit schätzte; und zumindest für den mittleren Rilke hatte der Begriff des Handwerks einen verpflichtenden Sinn. Rilke, der noch im *Stundenbuch* mit dem Metier kokettiert (»Werkleute sind wir, Knappen, Jünger, Meister«) und auf den ernsten Hergereisten gewartet hatte, der ihm »zitternd einen neuen Griff« zeigte, verordnete sich bei Maître Rodin eine nachgeholte Gesellenzeit. Sie war erfüllt vom »toujours travailler«, dem »Dinge machen aus Angst« und dem Programm, Wirklichkeiten zu schaffen, »die aus dem Handwerk hervorgehen«.

Wir bewundern heute noch die Resultate, nämlich Rilkes *Neue Gedichte*. Von Rilke hat Robert Musil gesagt, er habe das deutsche Gedicht »zum erstenmal vollkommen« gemacht.

Zum Handwerk gehört Tradition, die Überlieferung von bestimmten Rezepten und Techniken. »Im Bild des Weitergebens«, so Theodor W. Adorno in seinem kleinen Essay *Über Tradition*, »wird leibhafte Nähe, Unmittelbarkeit ausgedrückt, eine Hand soll es von der anderen empfangen.« War also Valéry der Schüler Mallarmés, Rilke derjenige Rodins und Cézannes? Valéry, der die Frage von Einfluß und Nachahmung in seinem *Brief über Mallarmé* berührt, definiert sie von der Dialektik des Machens her, von der These, »daß stets das *Machen* das *Gemachte* wiederholt – oder widerlegt; es in einem anderen Ton wiederholt, es läutert, vereinfacht, mit Neuem belädt oder überlädt; oder ihm widerspricht, es auslöscht, umkehrt, leugnet; es folglich voraussetzt und unsichtbar von ihm Gebrauch gemacht hat.«

Offenbar läßt sich die Sache von Handwerk und Tradition nur als Challenge und Response verstehen, nicht als Schule und Schülerschaft. Nichts trostloser als die Nachahmer Rilkes; nicht zuletzt diejenigen, denen Rilke, der so streng gegen sich selbst war, nachgiebig die Hand zu lyrischen Briefwechseln gereicht hatte. Auch jener *Meister*, der sich als solcher anreden ließ und seinen Jüngern enorme Disziplin auferlegte, auch Stefan George zeugte nur Epigonen. Und Big Benn? Der einzige, den man als seinen legitimen Schüler bezeichnen kann, ist der Verfasser der Zeilen »Die schönsten Verse der Menschen, / nun finden Sie schon einen Reim! – / sind die Gottfried Bennschen« – also Peter Rühmkorf. Der aber rettete sich in die Parodie, die Kontrafaktur und – wenigstens zeitweise – ins Engagement. Und vom Lyriker Heiner Müller darf man immerhin sagen, daß er spät aber doch die Muster Bertolt Brechts hinter sich ließ.

Daß das Machen das Gemachte im Wiederholen mit Neuem belädt, ja es widerlegt, es umkehrt, gar auslöscht, dafür steht wie kein anderer Paul Celan. Sein Œuvre läßt sich als Wiederholen und Wieder-Holen zugleich verstehen, als Gegenwort zu Realität wie Tradition; als Gegen-Entwurf auch zu Autoren wie Hölderlin, Rilke oder Benn.

Das alles hat die Celan-Interpretation ausführlich belegt und vielfältig erörtert. Wenn aber so manches in Celans Werk Anverwandlung, Umwandlung, Anspielung und Pastiche ist, dann wird die Legitimierung der Texte zum Problem, zu einem Problem der Interpretation wie des Handwerks. Je subtiler die Technik, um so unabweisbarer die Rechtfertigung. Früher als seine Leser und Interpreten hat der Autor es selbst erkannt, erkennen müssen. Von einem gewissen Punkt wurde das Problem für Celan existentiell, ja zur Frage seines Überlebens.

»Handwerk«, so schrieb Celan im Mai 1960 an Hans Bender, der ihn eingeladen hatte, an der poetologischen Anthologie *Mein Gedicht ist mein Messer* mitzuwirken, »Handwerk ist, wie Sauberkeit überhaupt, Voraussetzung aller Dichtung. *Dieses* Handwerk hat bestimmt keinen goldenen Boden – wer weiß, ob es überhaupt einen Boden hat. (...) Handwerk – das ist Sache der Hände. Und diese Hände wiederum gehören nur *einem* Menschen, das heißt einem einmaligen und sterblichen Seelenwesen, das mit seiner Stimme und mit seiner Stummheit seinen Weg sucht. – Nur wahre Hände schreiben wahre Gedichte.« Aktuell war dieses Bekenntnis eine Reaktion auf die böswillig aus der Luft gegriffenen Plagiatsvorwürfe Claire Golls. Sie hatten Celan bis in den Kern seiner Existenz erschüttert und ihn dazu veranlaßt, die Entstehung seiner Gedichte durch Datierung der Texte und die Sammlung ihrer Entstehungsstufen zu dokumentieren. Celan meinte zu erfahren, daß man ihn ein zweites Mal vernichten wollte; diesmal durch Berufung aufs Metier und seine Ehrlichkeit. Daher seine allergische Reaktion auf die Vorstellung des »Machens«, denn er glaubte beobachtet zu haben, »wie das ›Machen‹ über die Mache allmählich zur Machenschaft wird«.

Fortan sah er auch bei den Kollegen Mache und Machenschaft und polemisierte in dem erwähnten Brief gegen das »Herumexperimentieren mit dem sogenannten Wortmaterial« – ein Affekt, der dann selbst in seine Lyrik einging. Etwa in das 1962 geschriebene Gedicht »Huhediblu«, das man in seiner desperaten Ironie als Abwehrreaktion lesen kann, ja als Befreiungsschlag gegen die Macher und ihre Machenschaften. Das Gedicht wendet sich gegen die Nachkommen der Nazidichter, aber auch gegen das zeitgenössische O-Ton-Hörspiel oder gegen eine mondäne lyrische Ironie, etwa die Hans Magnus Enzensbergers: »call it (hott!) / love.« Es fragt:

> Wann,
> wann blühen, wann,
> wann blühen die, hühendiblüh,
> huhediblu, ja sie, die September-
> rosen?
>
> Hüh – on tue ... Ja wann?

In der Annullierung des Datums (sonst eine zentrale Kategorie von Celans Lyrik) kommt die tödliche Gefährdung des Gedichts und seines Dichters zur Sprache, der Übergang vom »wann« zum »Wahn«: »Wann, wannwann, / Wahnwann, ja Wahn«; und nur die »Anrufung des Bruders«, die Zitierung Apollinaires und die Umwendung einer berühmten Zeile Verlaines (»Oh quand refleuriront, oh roses, vos septembres?«) rettet den Text an sein Ende.

Man begreift, daß es für Celan immer problematischer wurde, sich auf den Begriff des Handwerks zu berufen. Sein eigenes Handwerk, durch bösartige Polemik angefochten, war tatsächlich bodenlos geworden. Zwischen Bedeutungsjagd und Bedeutungsflucht führte er die Gebilde seiner Kunst in die allerengste Enge. Der Imperativ der Meridian-Rede (»Setze dich frei!«) galt nur noch von Gedicht zu Gedicht, verbürgte aber nichts Sicheres mehr. Um so mehr mußte Celan jedes Abgleiten in die Mache irritieren, als das er die damals aufkommenden experimentierenden Techniken empfand: als Handwerk ohne Hände, als etwas, das völlig konträr war zu all seinen Vorstellungen von Poesie. In den Briefen an die von schweren Depressionen heimgesuchte Freundin Nelly Sachs heißt es einmal beschwörend: »Du hast Deine Hände, die Hände Deiner Gedichte.«

III

Das alles klingt, von heute aus betrachtet, eigentümlich fromm; ein Ton aus den fernen Zeiten der Kunstreligion; und doch ist Celan der große Lyriker der zweiten Hälfte des 20. Jahrhunderts geworden und geblieben. Die immer noch wachsende Celan-Industrie beweist es. Die pontifikale Linie (mit Brechts berühmtem Terminus) hatte einen letzten Gipfel und ein Ende erreicht: das Opfer taugt nicht als Pontifex. Und wo die *pontifikale* Linie sich verliert, fehlt der *profanen* ihr Widerpart. Schon Brecht hatte an ihr das Verlottern der Sprache konstatiert: »der ausdruck wird mehr oder weniger schematisch, die spannung zwischen den wörtern verschwindet.«

Dieses Nachlassen der Spannung ließe sich an allen Lyriktendenzen seit 1968 aufzeigen: an der konkreten Poesie, der politischen Lyrik, an der Pop-Lyrik wie der Neuen Sensibilität. »Man muß vergessen, daß es so etwas wie Kunst gibt! Und einfach anfangen«, schrieb Rolf Dieter Brinkmann 1968 im Vorwort zu seinem Band *Die Piloten*, den er in Anlehnung an und gegen Rilke als »Neue Gedichte« untertitelt hatte: Gegen die Rühmung der Arbeit stand die Fetischisierung des Spontanen. Sie verdarb Brinkmanns Epigonen die Kunst. Sie wurde Bastelei, *bricolage*.

Lévi-Strauss hatte ein Stichwort gegeben, das immer noch vieles, das derzeit gemacht wird, erklären kann. Die Regel, nach der der Bastler vorgeht, besteht darin, »jederzeit mit dem, was ihm zur Hand ist, auszukommen, das heißt mit einer stets begrenzten Auswahl von Werkzeugen und Materialien, die überdies noch heterogen sind, weil ihre Zusammensetzung in keinem Zusammenhang zu dem augenblicklichen Projekt steht, wie überhaupt zu keinem besonderen Projekt, sondern das zufällige Ergebnis aller sich bietenden Gelegenheiten ist, den Vorrat zu erneuern oder zu bereichern oder ihn mit den Überbleibseln von früheren Konstruktionen und Destruktionen zu versorgen.« – Der Satz hat es wahrhaftig in sich. Man wende ihn hilfsweise auf den jeweiligen *mainstream* der Lyrik an und hat die Folge *Bricolage* – *Design* und *Recycling* als Termini der neueren profanen Linie.

Nun ist der (post)moderne Bastler keineswegs naiv und versponnen, sondern als Einsender bei *little mags* und Lyrikjahrbüchern über die aktuellen *gadgets* und *gimmicks* informiert. Die poetischen Schnittmusterbogen zirkulieren nur schneller als früher, und damit beschleunigen sich die entsprechenden

Recyclingprozesse, die Wiederaufbereitung ausgebrannten poetischen Materials. Das wechselnde Design kaschiert notdürftig die rasende Stagnation. Ein Indikator für die jeweilige Mode ist die typographische Oberfläche, das Druckbild. Die Schreibmaschine und besonders der Computer haben solche Spielereien begünstigt: kleinschreibung, das &, Verzicht auf Interpunktion oder (gegenläufig) Häufung von Interpunktion, die fonetische schreibunk etc.; und die jüngste Masche, der schmale, kolumnenhafte Blocksatz, hat bereits die Teilnehmer an Poesieseminaren erreicht. Sollte man es nicht mal mit Fraktur versuchen? Andererseits verschwindet spurlos, was gestern noch zur Ideologie der Produzenten gehörte. Die lyrische Bricolage hat auch den Tod des Autors und die Ersetzung des Textes durch den *prétext* überstanden. Man spricht wieder vom Dichter und vom Gedicht, und die Zähigkeit, mit der sich diese fast obsolet klingenden Ausdrücke behaupten, kann ebenso zur Hoffnung Anlaß geben wie zur Resignation.

»Ich lese keine Gedichte«, so eröffnet Michael Rutschky seinen Aufsatz »Was ist Lyrik heute?« (NDL 4/98) Und warum nicht? Rutschky, der sich als ehemaliger Junglyriker outet, kommt nicht mit Thesen, sondern erzählt, was er mit Lyrik erlebte bzw. nicht erlebte. Er führt seine Erfahrung ins Feld. Wenn ich ihn recht verstehe, ist (moderne) Lyrik für ihn jene Textsorte, »die kein Ausdruck von Gefühlen, Erlebnissen, nichts Stimmungsmäßiges ist«. So mußte die nun entbundene Energie anderswohin vagabundieren und fand Unterschlupf im Rock'n'Roll und in den Musik-Video-Clips. Im Rückblick wird deutlich, daß die Lust am Entschlüsseln hermetischer Poesie eine Mode war; und mit der Mode schwand auch das schlechte Gewissen, das alles nicht immer verstanden zu haben. So hat der Aufsatz aber doch noch eine These: »Die Systemtheoretiker sprechen von funktionalen Äquivalenten, keine ausgebildete soziale Funktion verschwindet je wieder.« So auch nicht bei unserem Ex-Lyrik-Leser. Nach dem Ende der deutschen Kunstreligion – »Celan, Szondi, Adorno, das war die Tragödie dieser Art von Kunst und Kunstauslegung« –, nach diesem Ende also erscheint Robert Gernhardt als der Autor, der die Rolle des Dichters anfangs nur spielte und nun »am Dichter festgewachsen ist«. Und so darf der Jokulator fast emphatisch zum Stifter werden. Rutschky rechnet Gernhardt, der dem Gedicht neue Geltung verschafft habe, »zu den Stiftern einer gänzlich profanen Literatur«.

Die Lyrik ist tot, aber das Gedicht lebt. Das wäre die historische Pointe. Sie könnte uns wieder aufs Handwerk bringen, auf einen unfeierlichen, eben profanen Begriff. Und da auch ich Robert Gernhardt schätze, will ich ihn in Sachen Handwerk zum Zeugen anrufen. Er gehört zu den wenigen Autoren, die die alten Formen nicht für verbraucht halten; die strenge, unpersönliche Form macht bestimmte Dinge überhaupt erst sagbar: »Man kann als Autor persönlich werden, wenn man eine Form findet, die dem Leser das Gefühl nimmt, in ein allzu privates Fühlen und Geschehen hineingezogen zu werden. Solange ich mich innerhalb festgelegter Formen bewege, werde ich gezwungen, präzis zu sein, und je präziser ich Auskunft gebe, desto mehr weiß ich auch über das, was mir da widerfährt oder anderen widerfahren ist: auch über Verfall, Krankheit und Sterben. Ich versuche mir – im metaphorischen Sinne – einen Reim auf das zu machen, was mir begegnet.«

Das ist nicht neu und will es auch nicht sein. Aber es hat den Ton der Entlastung. Wenn das gut gemachte Gedicht nicht der Atlas sein muß, der das Himmelsgewölbe zu tragen hat, kann der Poet je nach Gusto den Zauberer oder Stimmenimitator geben. Das Publikum dankt es dem Dichter ohnehin. Und die Intellektuellen, die Friederike Mayröcker oder Thomas Kling lieber loben denn lesen, erholen sich bei einer Poesie, die »trocken, licht, geistvoll« ist (Gustav Seibt). Sie haben sogar geschichtsphilosophisch ein gutes Gewissen. Der Poet, der aufgeklärt und ironisch auf die zivilisierende Wirkung der formgesättigten Ironie setzt, befreit das Gedicht von der fixen Idee des Fortschritts, die unter dem Innovationsgebot die tradierten Formen verbrannte. Die alten Krüge versprechen neuen Wein. Aber alte Metaphern haben natürlich ihre besonderen Tücken. Der Pudding, sage ich lieber, beweist seine Qualität beim Essen. Wenn er, gestürzt, seine Form behält, um so schöner und appetitlicher.

Langeweile – Die Ersatzmutter der Musen

Goethes Venezianische Epigramme

Es war doch keine Dienstreise, wie man lange gemeint hat; und so lassen sich Unlust und Ennui des Reisenden keinem Auftraggeber aufbürden. Goethe selber hatte sich erboten, die Herzogin-Mutter Anna Amalia aus Italien, wo sie auf seinen Spuren reiste, von Venedig aus nach Haus zu begleiten. An Carl August schrieb er ganz unbefangen: »Ohne Kosten machts mir einen großen Spaß, denn ich muß wieder einmal etwas Fremdes sehen.«

Reiselust also war das Motiv für den sogenannten zweiten venezianischen Aufenthalt, eine Lust, die freilich nicht lange vorhielt. Am 13. März 1790 war Goethe aus Jena abgereist. Als auf der Höhe von Nürnberg das Wetter umschlug, schien ihm die Welt »trüb und kotig«, und er setzte die Reise »ohne rechten innerlichen Trieb« fort. Am 31. März langte er in Venedig an, und schon drei Tage später gestand er Carl August, seiner Liebe für Italien sei ein tödlicher Stoß versetzt: »Nicht daß mirs in irgend einem Sinne übel gegangen wäre, wie wollt es auch? aber die erste Blüte der Neigung und Neugierde ist abgefallen.« Große Erlebnisse sind eben nicht wiederholbar; und ihm fiel wohl auch ein, was er in Weimar zurückgelassen hatte: seine naturwissenschaftlichen Arbeiten, vor allem aber Christiane mit dem Weihnachten 1789 geborenen Söhnchen August. »Wie sehr ich an sie geknüpft bin, habe ich erst auf dieser Reise gefühlt«, schrieb er an Herder.

Schlechte Voraussetzungen für einen fruchtbaren Aufenthalt? Gewiß. Um so erstaunlicher, wie schnell Goethe seine Frustration ins Produktive zu wenden weiß. Bald schon zeigen die Berichte an die Freunde daheim Optimismus, ja Euphorie. Goethe füllt die gut vier Wochen, die er auf die verspätet eintreffende Anna Amalia zu warten hat, mit vielerlei Tätigkeit aus. Er studiert die venezianische Malerei anhand von Zanettis *Della pittura Veneziana* und besucht ein Institut für Gemälderestaurierung; überhaupt sieht er sich an Gemälden »fast krank«. Zudem stößt er auf dem Lido auf einen Hammelschädel, was ihn »einen großen Schritt in der Erklärung der Tierbildung«, also in seinen anatomischen Studien vorwärts bringt. Und so findet er am 4. Mai in einem Brief an Caroline Herder das schöne Resümee: »Ich habe aber auch *gesehen, gelesen, gedacht, gedichtet,* wie sonst nicht in einem Jahr.«

Ja, auch gedichtet. Denn schon in dem Brief an Carl August, der vom Todesstoß für seine Italienliebe sprach, hatte er ein »Libellum Epigrammatum« avisiert, das er von der Reise zurückbringen werde; wozu paßt, daß er unbewußter- oder vorausschauenderweise einen Band des römischen Satirikers Martial in seine Reisetasche gesteckt hatte. Bald schon meint er, die Epigramme wüchsen »wie die Pholaden«, die Bohrmuscheln in der Lagune. Diese Wendung findet sich in einem Brief an den Freund Knebel, dem er eine Reihe von Epigrammen zuschickt, in denen es um die Gauklerin Bettina geht. »Gaukler 5 Soldi«, verzeichnet das Ausgabenbuch der Reise unter dem 21. April. Was heißen darf, daß Goethe nicht bloß »gesehen, gelesen, gedacht, gedichtet« hat, sondern sich auch sonst die Zeit vertrieben. Wie sehr und womit, das eben steht in den Venezianischen Epigrammen; dazu auch das Schreib-Motiv:

Oft sind alle neune gekommen, ich meine die Musen
Doch ich hörte sie nicht hatte das Mädchen im Schoß.
Nun verließ ich mein Liebchen mich haben die Musen verlassen
Und ich schielte verwirrt seitwärts nach Messer und Strick.
Aber der Himmel ist voll von Göttern du kamst mir zu Hülfe
Langeweile du bist Mutter der Musen gegrüßt.

In der endgültigen Fassung lautet der Schluß:

Doch von Göttern ist voll der Olymp; du kamst mich zu retten,
Langeweile! du bist Mutter der Musen gegrüßt.

Goethe zieht – wenngleich im spielerischen Ton – die existentielle und poetologische Konsequenz aus der gegebenen Situation: Der Poet, der in komischer Verzweiflung verwirrt nach

Messer und Strick schielte, ruft zu seiner Hilfe, ja zur Rettung die Langeweile als Mutter der Musen an, nicht ohne sie vorher trickreich unter die olympischen Götter versetzt zu haben. Dort – oder besser: hier im Gedicht muß sie *Mnemosyne*, die vertraute und legitime Mutter der Musen, verdrängen. Eine Substitution, die den Akt psychischer Hygiene *vor* die poetische Leistung des Dichters setzt. Da er sich nicht *erinnern* darf, ohne weiter zu leiden, wählt er eine Tätigkeit, die Intellekt und Sensibilität spielerisch beschäftigt.

Die Inthronisation der Langeweile als Musenmutter liefert – zumindest für begrenzte Zeit – eine brauchbare Produktionshypothese. Diese funktionierte bestens, zumal zu den venezianischen Motiven die Themen und Formen des altrömischen Epigrammatikers zur Hand waren. Wohl vorbereitet, konnte Goethe gleich loslegen.

Was mich als Leser an dieser Transposition interessiert, ist weniger die erstaunliche Geschmeidigkeit der Goetheschen Produktivität als ihr experimenteller Charakter, das heißt auch: ihre Modernität. Dabei will ich den Begriff der Langeweile nicht weiter begrifflich beschweren. Goethes venezianische Langeweile kann nicht in mangelndem Stimulationsdruck der Umwelt begründet sein; eher im Gegenteil. Ich will sie auch nicht als Antizipation von *taedium vitae* und *ennui* bei Leopardi oder Baudelaire interpretieren; es würde – so reizvoll es wäre – das historische Moment forcieren. Eins freilich scheint mir wichtig: das Element des Urbanen, des Nicht-Provinziellen. »Es sind dies Früchte die in einer großen Stadt gedeihen, überall findet man Stoff und es braucht nicht viel Zeit sie zu machen«, schreibt der Dichter an Frau von Kalb und entwirft so – mit einer Spitze gegen das provinzielle Weimar – nebenher das Programm einer Poesie der Großstadt. Das ist vermutlich eine Anspielung auf Martial; denn der betont in seinem 11. Buch, in einer ironischen Wendung an prüde Leser, er habe sein Buch für Großstädter geschrieben: »Hochmoralischer Leser, es ist wohl besser, du gehst jetzt, / Denn für Großstädter nur hab ich geschrieben dies Buch.«

Das hätte Goethe als Motto seines Zyklus wählen können. Doch er operierte positiv statt polemisch und setzte Martials »Hominem pagina nostra sapit« über eine der Epigramm-

Handschriften: »Jede Seite von mir schmeckt nach dem Menschen.« Dieser Menschen-Geschmack konnte freilich kaum nach dem Geschmack des deutschen Publikums sein, dem die Venezianischen Epigramme zunächst und auch später nur in homöopathischen Dosen verabreicht wurden; dazu, auf Goethes eigenen Wunsch, anonym, wie in Schillers *Musenalmanach auf das Jahr 1796*. Um so bemerkenswerter, daß offenbar einem Teil der Weimarer Freunde auch die obszönen Motive zuzumuten waren.

Anstößiger als die priapischen Gedichte, deren Motivik sich noch antikisch, etwa durch Martial, den »Verwegenen«, rechtfertigen ließ, müssen die Bettinen- und Lacerten-Epigramme gewirkt haben, die Gedichte auf die Gauklerin und die Dirnen, die Goethe den Eidechsen vergleicht. Riskant etwa jenes Epigramm, dessen Hexameter ich lieber weglasse und dessen Pentameter von der gelenkigen Gauklerin Bettina sagt: »Spielt mit dem artigen Selbst achtet die Männer nicht viel.«

Etliche Epigramme wurden später in den Handschriften durch Schere und Rasiermesser so verstümmelt, daß bestimmte Partien nicht mehr lesbar sind.

Innere Zensur ist bis heute wirksam. Selbst der Psychoanalytiker K. R. Eissler, der so vieles an Goethes Sexualität ins Licht des Verstehens gebracht hat, spricht von einer »undichterischen, fast zynischen Haltung sogar in Dingen von größter Intimität«. Kein Wunder, daß er, ganz im Geniegedanken befangen, auch von der inspirierenden Wirkung der Langeweile gering denkt: »Das Genie kann sogar von der Langeweile inspiriert werden, aber das künstlerische Produkt kann nicht von jener Qualität sein wie bei einem leidenschaftlichen Konflikt, der das Herz bewegt.«

Die Venezianischen Epigramme, diese »leichtfertige Brut«, wie Goethe an Schiller schreibt, mußten deshalb noch mehr skandalisieren als die *Erotica Romana* (wie die Römischen Elegien zunächst hießen). Jene konnten als Geniewerk gelten; obwohl man gegen die »genialische Dichterglut« ihre »bordellmäßige Nacktheit« ausspielte. Diese, Produkte der Musenmutter Langeweile, mußten kalt erscheinen – berechnet und berechnend. Und wirklich sind sie nicht bloß poetische Emanationen, sondern ebenso Produkte eines Flaneurs und

Voyeurs, eines Soziologen und Ethnologen, der sich ins Getriebe der venezianischen Gesellschaft, auch in ihre Halbwelt hineinlocken ließ. Aus der überaus reichen Thematik hebe ich hier nur das erotische Moment heraus, nämlich diese Kostprobe, eine Begegnung mit den Lacerten:

Seid ihr ein Fremder, mein Herr? bewohnt ihr Venedig? so fragten
Zwei Lacerten die mich in die Spelunke gelockt.
Ratet – Ihr seid ein Franzos! ein Napolitaner! Sie schwatzten
Hin und wieder und schnell schlürften sie Kaffee hinein.
Tun wir etwas! Sagte die Schönste, sie setzte die Tasse
Nieder, ich fühlte sogleich ihre geschäftige Hand.
Sacht ergriff ich und hielte sie fest; da streckte die zweite
Zierliche Fingerchen aus und ich verwehrt es auch ihr.
Ach! es ist ein Fremder! so riefen sie beide sie scherzten
Baten Geschenke sich aus die ich doch sparsam verlieh.
Drauf bezeichneten sie mir die entferntere Wohnung
Und zu dem wärmeren Spiel spätere Stunden der Nacht.
Kannten diese Geschöpfe sogleich den Fremden am Weigern
O so wißt ihr warum blaß der Venetier schleicht.

Die drei vorangehenden Epigramme geben mit ihren Erläuterungen eine lokale Soziologie der käuflichen Liebe: »Da wird ja / Fast zum Lexikon dies epigrammatische Buch.« Das Gedicht über die beiden Lacerten zeigt den Protagonisten zwischen Verlockung und Abwehr als einen – im doppelten Sinne – *Fremden*, als einen weder sozial noch kulturell Zugehörigen. Goethe hebt dieses Dazwischen nicht auf. Wir erfahren nicht, ob der Fremde der Einladung der Lacerten folgt. Seine Figur wahrt das Decorum, und so auch der Dichter. Nur die fast übergangslos gesetzte Schlußzeile gibt einen Hinweis. Sie zeigt uns Goethes Furcht vor einer syphilitischen Infektion, die ihn – im Falle seines Falles – möglicherweise auch so blaß schleichen ließe wie manchen Venezianer. In der späteren Fassung *Epigramme. Venedig, 1790* fehlt das Gedicht. Aber auch dort gab es dem damaligen Publikum gegenüber genügend Anlaß für Goethes Selbstrechtfertigung. Sie ist ebenso aufrichtig wie taktisch geschickt, denn sie bringt Goethes Neigung zu Christiane mit seinen vermutlich bloß imaginierten Eskapaden zusammen:

Frech wohl bin ich geworden; es ist kein Wunder, ihr Götter
Wißt, und wißt nicht allein, daß ich auch fromm bin und treu.

Die Muse Langeweile hatte ihre Schuldigkeit getan. Warum sollte Goethe ihr länger folgen? Das tätige Leben ging weiter; und auch das Werk, das des *ennui* nicht bedurfte.

Der Dichter und sein Schatten

Adelbert von Chamisso als Lyriker

Vom armen Freund

Auf der letzten Seite von *Peter Schlemihls wunderbarer Geschichte* heißt es: »Und so, mein lieber Chamisso, leb ich noch heute. Meine Stiefel nutzen sich nicht ab. (...) Ihre Kraft bleibt ungebrochen.« Wer möchte dem widersprechen? Vom unsterblichen Schlemihl ist auch heute immer wieder die Rede. Doch was ist mit seinem »Bewahrer«, dem »lieben Chamisso«? Hat er seine Schuldigkeit getan, indem er uns eine Gestalt erschuf, die sich selbständig und mit unverwüstlichen Stiefeln auf ihre unendliche Wanderung machte, undankbar wie jedes Geschöpf? Hatte ihr Schöpfer sich nicht allzu klein gemacht und fungierte bloß noch als »Historiograph des berühmten Schlemihl«, wie der Freund Julius Eduard Hitzig in der Vorrede der zweiten Auflage schrieb? Was also ist mit dem *Lyriker* Chamisso, der einmal, wenn auch mit Anflügen von Zweifel, sagen konnte: »Ich glaube fast, ich sei ein Dichter Deutschlands.«

Chamisso selbst sah sich durchaus nicht an seine unsterbliche Figur geheftet.

In einem 1834 für die dritte Auflage des *Schlemihl* bestimmten Widmungsgedicht apostrophiert er sein Geschöpf als »armen Freund«:

Mein armer, armer Freund, es hat der Schlaue
Mir nicht, wie dir, so übel mitgespielt;
Gestrebet hab' ich und gehofft ins Blaue,
Und gar am Ende wenig nur erzielt;
Doch schwerlich wird berühmen sich der Graue,
Daß er mich jemals fest am Schatten hielt;
Den Schatten hab' ich, der mir angeboren,
Ich habe meinen Schatten nie verloren.

Das klingt fast ein wenig selbstgerecht – und über-sicher.

Chamisso pocht auf den Besitz des angeborenen, nie verlorenen Schattens, der seine Identität garantiert. Aber das hat ihn nicht vor gesellschaftlichen Erfahrungen bewahrt, die eben jene Identität in Frage stellten. Im Fortgang des Gedichts heißt es:

Mich traf, obgleich unschuldig wie ein Kind,
Der Hohn, den sie für deine Blöße hatten. –
Ob wir einander denn so ähnlich sind?! –
Sie schrien mir nach: Schlemihl, wo ist dein Schatten?
Und zeigt ich den, so stellten sie sich blind
Und konnten gar zu lachen nicht ermatten.
Was hilft es denn! man trägt es in Geduld
Und ist noch froh, fühlt man sich ohne Schuld.

So verdeckt spricht Chamisso von einem Manko, das nicht für ihn, so doch für die Welt existiert, und das ihn zum Abseitigen macht, zum Fremden, zum ewigen Exilanten – vielleicht zum »Dichter Deutschlands«, aber kaum zum *deutschen Dichter*.

In der Anekdote klingt alles harmloser. Hitzig schreibt an Fouqué, ein Berliner Junge, mit dem Chamisso auf der Straße seinen Scherz getrieben, habe ihm schließlich nachgerufen: »Warte nur, Peter Schlemihl!« Und Thomas Mann, der den Vorfall in seinem Chamisso-Aufsatz von 1911 kommentiert, meint: »Dichter, die sich selbst geben, wollen im Grunde, daß man sie erkenne; denn nicht sowohl um den Ruhm des Werkes ist es ihnen zu tun, als vielmehr um den Ruhm ihres Lebens und Leidens.« Was aber nur heißen kann, daß, wenn auch der Schmerz durch den Ruhm gelindert wird, der Stachel bleibt.

Und so zieht Chamisso Bilanz:

Und was ist denn der Schatten? möcht' ich fragen,
Wie man so oft mich selber schon gefragt,
So überschwenglich hoch es anzuschlagen,
Wie sich die arge Welt es nicht versagt?
Das gibt sich schon seit neunzehntausend Tagen,
Die, Weisheit bringend, über uns getagt;
Die wir dem Schatten *Wesen* sonst verliehen,
Sehn Wesen jetzt als *Schatten* sich verziehen.

Der Dichter gibt eine Replik auf die bis zum Überdruß gehörte Frage nach seinem Schatten. Er fragt »Und was ist denn der

Schatten?« und gibt die Frage zurück; zurück an die »arge Welt«, die das evidente Phänomen einfach nicht sehen will – und das von Anfang an. Denn nichts anderes meint die bitter-pedantische Rechnung: »Das gibt sich schon seit neunzehntausend Tagen«. Das meint im Moment, da das Gedicht geschrieben wird, im August 1834: seit Chamissos *Geburt* – also nicht etwa seit der Auflösung der Familie oder der Not des Exils. So spricht der, dem Schatten und Identität abgesprochen werden, der Stigmatisierte. So muß es eben gehen, wie es geht, im Bewußtsein des eigenen Besitzes; in stoischer Resignation gegen die andern und im Wissen um die eigene schöpferische Superiorität: »Die wir dem Schatten *Wesen* sonst verliehen, / Sehn Wesen jetzt als *Schatten* sich verziehen.« Denn das ist es, was dem Schöpfer dem Geschöpf voraus hat: die Fähigkeit, Schatten zu beleben.

Noch Thomas Mann konnte Chamissos Schicksal ungescheut positiv lesen, indem er den eigenen Lebensentwurf auf Chamisso projizierte: »Aber Chamisso, nachdem er aus seinem Leiden ein Buch gemacht, beeilt sich, dem problematischen Puppenstande zu entwachsen, wird seßhaft, Familienvater, Akademiker, wird als Meister verehrt. Nur ewige Bohemiens finden das langweilig. Man kann nicht immer interessant bleiben. Man geht an seiner Interessantheit zugrunde oder man wird ein Meister.« Dixit. Freilich, man schreibt das Jahr 1911. Es spricht die Königliche Hoheit. »Verachtet mir die Meister nicht« – eine Vorstellung, die Thomas Mann aus dem neunzehnten in sein Jahrhundert herüberzuretten versuchte; noch in seinen *Doktor Faustus* hinein. In eine Spätzeit. Die Eule der Minerva beginnt wieder ihren Flug. Wir setzen noch einmal an. Mit einem Gedicht, das nicht von Chamisso stammt, einem Abendgedicht.

Zwischen Beschwörung und Verdikt

Ach dieses langsame Einsinken
in den Abend. Die Erde
wird bodenlos sobald
ihr das Licht vergeht.
Noch treten die Füße Gras oder Schotter
dann nichts mehr.

Aus der Emigration des Tages
kehren die Toten zurück um raschelnd
in alten Fotos ihren Platz einzunehmen.
Jetzt zögert die Zeit wieder und täuscht
andere Zeiten vor. Welches Jahrhundert
hatten wir heute?
Ich würde mich nicht wundern
wenn vor der Tür Chamisso stünde
oder sein Schatten oder ich
sein Schatten bin oder auch Chamisso selber
der berlinwärts vor meiner Tür
steht.

Wir wollen unseren Umriß verlieren
und glücklich sein wie niemand und zwar
Abend für Abend.

Dies ist ein Gedicht Günter Kunerts aus seinem 1980 erschienenen Band *Abtötungsverfahren*, einem Rückblick des damals mit einem vorläufigen Visum Versehenen auf die zurückgelassene DDR und auf die verlorene Utopie. Auch der Emigrant Kunert dürfte sich gefragt haben, was mit seinem Schatten sei. Konnte man ihn mitnehmen? Blieb er zurück? Und was bedeutete das Abtötungsverfahren, das ein politisches System an ihm hatte vollziehen wollen? Oder gar er an sich selbst? Doch der negativ klingende Titel ist nicht ohne tröstliche Ambivalenz. Denn auch das schlechte Vergangene muß abgetötet werden, und so steigt etwas auf im Verlust unseres Umrisses: Der vergangene Dichter erscheint, schattenhaft, ein Wiedergänger, in einer Gegenwart, die ihrer selbst nicht sicher ist: »Welches Jahrhundert hatten wir heute?«

Mit dieser Frage zieht Kunert uns für einen Moment den Boden unter den Füßen fort, macht uns die Selbstgewißheit unserer Gegenwart zweifelhaft, somit auch die Sicherheit unserer Urteile. Mir hat Kunerts Gedicht geholfen, das schwerste Hindernis fortzuräumen, das uns den Zugang zu Chamissos Lyrik versperrt: das Verdikt Rudolf Borchardts im Nachwort zu seiner 1926 erschienenen Anthologie *Ewiger Vorrat deutscher Poesie*.

Es ist ein Verdikt, das Borchardt sanft einleitet und unerbittlich exekutiert: »Aber es hat sich bei genauestem und innigstem Durchhören der Gedichte Chamissos gezeigt, daß sie samt und sonders nach fertigen Rezepten gestaltete Effektstücke von erstaunlicher Kälte in ihrer Wirkungssicherheit sind, und allerdings die einzigen Deklamationen – man kann den französischen Ausdruck nicht entbehren – in unserer der Rede werten dichterischen Literatur. Es ist Zeit, daß der falsche Klassikername aus lyrischen Sammlungen verschwindet, und der Name des unsterblichen Autors von Schlemihl wird dadurch nicht verlieren.«

Wieder einmal ist es der *Schlemihl*, der Chamissos Nachleben im Weg steht. Borchardts Polemik geht in Argumentation über, denn er fährt fort: »So unglückliche und falsche Produkte wie ›Frauenliebe und -leben‹ sind der Schumannschen Musik zwar nicht zu entreißen, aber ohne Noten und Menschenstimme sind diese in rauschenden Couplets sich entwikkelnden künstlichen Beseligungen an einem übernommenen, und daher in der Nuance falsch gefaßten, beinahe karikierten Ideale nicht genießbar.«

Nicht daß es aussichtlos wäre, gegen Borchardt zu argumentieren, aber Rettungsversuche, die es mit schönen Einzelheiten halten, wirken leicht subaltern; und die Beweislast erdrückt beide: den Verteidiger und das Verteidigte. Und so tröstet nicht, daß Borchardt auch Heine verdammte und von Hölderlin nur ein einziges Gedicht zuließ: »Hälfte des Lebens«, und das unter dem von ihm verfügten Obertitel »Skizze zu einer Ode«. – Besser also, man läßt jegliche Aspiration auf Kanon und Ewigkeit fahren, um Chamisso gerecht zu werden.

Zeitgeist Zeitmaschine

Verzichten wir also auf Zensuren zur Literatur. Suchen wir den Lyriker Chamisso einmal dort auf, wo er seine Zeitgebundenheit auf den ersten Blick zu erkennen gibt. Was wäre obsoleter als ein Gedicht mit dem Titel »Das Dampfroß«? Doch gemach: »Das Dampfroß«, im Juni 1830 geschrieben und im *Berliner Musenalmanach* für 1831 publiziert, ist das erste Eisenbahngedicht in deutscher Sprache. Es entstand fünf Jahre nach Eröffnung der ersten Eisenbahn von Stockton nach Darlington, ein Jahr nach der berühmten Preisfahrt von George

Stephensons Lokomotive »The Rocket« und immerhin fünf Jahre *vor* der ersten deutschen Eisenbahn zwischen Nürnberg und Fürth; dazu, was literaturgeschichtlich bemerkenswert ist, anderthalb Jahrzehnte vor der lyrischen Eisenbahnpolemik zwischen Gottfried Keller und Justinus Kerner.

Chamisso war, wie Goethe, durchaus ein Freund der »Facilitäten der Communication«. Er zeichnete Ende Mai 1837 Aktien der Halle-Rhein-Weser-Eisenbahn-Gesellschaft und befuhr, bereits schwer krank, im Herbst 1837 die im Frühjahr fertiggestellte Teilstrecke Leipzig–Althen; »mit vorgespanntem Zeitgeist«, wie er schreibt: »Ich hätte nicht ruhig sterben können, hätte ich nicht vom Hochsitze dieses Triumphwagens in die sich entrollende Zukunft hineingeschaut.«

Ist es Zufall, stilistische Nachlässigkeit oder etwas wie metaphysischer Humor, daß Chamisso von sich als einem schon Gestorbenen spricht? Der geschichtsphilosophische Optimismus der Briefstelle ist evident. Aber was ist mit dem Gedicht vom Dampfroß? Wie spiegelt sich dort die Zeit? Ich lasse den Eingang fort und zitiere die folgenden Strophen:

Mein Dampfroß, Muster der Schnelligkeit,
Läßt hinter sich die laufende Zeit,
Und nimmt's zur Stunde nach Westen den Lauf,
Kommt's gestern von Osten schon wieder herauf.

Ich habe der Zeit ihr Geheimnis geraubt,
Von Gestern zu Gestern zurück sie geschraubt,
Und schraube zurück sie von Tag zu Tag,
Wie einst ich zu Adam gelangen mag.

Ich habe die Mutter, sonderbar!
In der Stunde besucht, da sie mich gebar,
Ich selber stand der Kreißenden bei,
Und habe vernommen mein erstes Geschrei.

Das ist doch wohl eine sonderbare, eine stupende Vorstellung; und der Dichter selbst zeigt sich von ihr überrascht: die sich in die Zukunft entrollende Zeit gewinnt einen solchen Schwung, daß sie sich in eine schwindelerregende Regression verkehrt. Ist das die Dialektik des »Triumphwagens« Fortschritt? Mir scheint, es ist mehr und anderes. Am deutlichsten, verräterischsten ist die Strophe, in der die Mutter erscheint:

Ich habe die Mutter, sonderbar!
In der Stunde besucht, da sie mich gebar,
Ich selber stand der Kreißenden bei,
Und habe vernommen mein erstes Geschrei.

Ein wahrhaft bemerkenswertes »sonderbar!« – man meint zu bemerken, wie der Dichter im Prozeß des Schreibens von einer Vorstellung überrascht wird, deren Unerhörtheit, ja Unziemlichkeit er durch diese Interjektion aufheben möchte. Der Sohn als Geburtshelfer in eigener Sache! Man spürt förmlich Chamissos Schock über die Zeit, die zur rückläufigen Zeitmaschine wird, die den Menschen in die Regression zurückwirft. Das versucht der Dichter zu überspielen, indem er eine Gedankenflucht ins Komisch-Absurde antritt. So erscheint die Großmutter als Braut, ein Interview mit dem neun Jahre zuvor verstorbenen Kaiser Napoleon wird denkbar; und das Gedicht endet bei der Frage, ob es möglich sei, »auf Rothschild Häuser zu baun« – die Rothschilds waren tatsächlich Eisenbahnfinanciers großen Stils. Eine hübsche Pointe, doch schade um ein Gedicht, das sich grotesk-scherzend seinem schweren Thema entzieht. Aber H.G.Wells (mit seiner *Zeitmaschine*) und Gottfried Benn mit seiner Regressionslust (»Oh daß wir unsere Ururahnen wären«) mußten ja noch etwas zum Dichten übrig haben. Oder ernsthaft gewendet: für Chamisso stand das Subjekt als Wert nicht zur Disposition. Im Gegenteil. Vom Schattenverlust bedroht, galt es, dieses Ich zu rechtfertigen und zu stabilisieren. Ein Thema in der Lyrik Chamissos, eine Leistung seiner Kunst.

Doppelgängerei

Ein Beispiel dafür ist das große Terzinengedicht »Erscheinung« von 1828. Ein Beispiel auch für den Artisten Chamisso oder den »meisterlichsten Terzinenschmied« in unserem Sprachbereich, wie Thomas Mann formulierte – um daran anzuschließen: »Er war übrigens kein Formalist.« Was auch hier zu sehen ist.

Es handelt sich, wie so oft bei Chamisso, um ein Erzählgedicht. Der Erzähler, auf dem späten Heimweg nach einer Zecherei, wird in der nächtlichen Einsamkeit von »seltsam trübem Mut« befallen; und nun (oder gar deshalb) geschieht es:

Und meinem Hause nah, dem wohlbekannten,
Gewahrt ich, und ich stand versteinert fast,
Daß hinter meinen Fenstern Lichter brannten.
Ich prüfte zweifelnd eine lange Rast,
Und fragte: macht es nur in mir der Wein?
Wie käm zu dieser Stunde mir ein Gast?
Ich trat hinzu, und konnte bei dem Schein
Im wohlverschloßnen Schloß den Schlüssel drehen,
Und öffnete die Tür und trat hinein.
Und, wie die Blicke nach dem Lichte spähen,
Da ward mir ein Gesicht gar schreckensreich, –
Ich sah mich selbst an meinem Pulte stehen,
Ich rief: »Wer bist du, Spuk?« – er rief sogleich:
»Wer stört mich auf in später Geisterstunde?«
Und sah mich an, und ward, wie ich, auch bleich.
Und unermeßlich wollte die Sekunde
Sich dehnen, da wir starrend wechselseitig
Uns ansahn, sprachberaubt mit offnem Mund.
Und aus beklommner Brust zuerst befreit ich
Das schnelle Wort: »Du grause Truggestalt,
Entweiche, mache mir den Platz nicht streitig!«
Und er, als einer, über den Gewalt
Die Furcht nur hat, erzwingend sich ein leises
Und scheues Lächeln, sprach erwidernd: »Halt!
Ich bin's, du willst es sein; – um dieses Kreises,
Des wahnsinn-drohnden, Quadratur zu finden,
Bist du der rechte, wie du sagst, beweis es;
Ins Wesenlose will ich dann verschwinden,
Du Spuk, wie du mich nennst, gehst du das ein,
Und willst auch du zu Gleichem dich verbinden?«
Drauf ich entrüstet: »Ja, so soll es sein!
Es soll mein echtes Ich sich offenbaren,
Zu Nichts zerfließen dessen leerer Schein!«
Und er: »So laß uns, wer du seist, erfahren!«

Und ich: »Ein solcher bin ich, der getrachtet
Nur einzig nach dem Schönen, Guten, Wahren;
Der Opfer nie dem Götzendienst geschlachtet,
Und nie gefrönt dem weltlich eitlen Brauch,
Verkannt, verhöhnt, der Schmerzen nie geachtet;
Der irrend zwar und träumend oft den Rauch
Für Flamme hielt, doch mutig beim Erwachen
Das Rechte nur verfocht: – bist du das auch?«
Und er mit wildem, kreischend lautem Lachen:
»Der du dich rühmst zu sein, der bin ich nicht.
Ganz anders ist's bestellt um meine Sachen.
Ich bin ein feiger, lügenhafter Wicht,
Ein Heuchler mir und andern, tief im Herzen
Nur Eigennutz, und Trug im Angesicht.
Verkannter Edler du mit deinen Schmerzen,
Wer kennt sich nun? Wer gab das rechte Zeichen?
Tritt her, so du es wagst, ich will dir weichen!«
Drauf mit Entsetzen ich zu jenem Graus:
»Du bist es, bleib, und laß hinweg mich schleichen!«
Und schlich, zu weinen, in die Nacht hinaus.

Man kann noch heute die formale Präzision bewundern, die Geschmeidigkeit der Terzinen, die Kontrapunktik, die Sicherheit und zugleich Dezenz der Effekte; wozu auch gehört, daß der Autor den ursprünglichen Titel »Das Gespenst« zur »Erscheinung« vergeistigt. Das Sujet – das Doppelgänger-Motiv – ist nicht unbedingt originell; entscheidend ist, was der Autor aus der Differenz der beiden Ichs macht: einen Lackmustest der moralischen Lauterkeit. Das Resultat ist die Entlarvung des subtilsten Pharisäertums, das sich als Suchertum und Selbstzweifel des »verkannten Edlen« tarnt. Uns soll die autobiographische Berechtigung dieser Selbstbezichtigung nicht interessieren; ihr Akzent ist stark und echt. Doch letztlich geht es nicht um Moralität, um Handlungen oder Unterlassungen, sondern um die ins Wanken geratene Stabilität des Individuums.

Aus dem Gedicht spricht die Angst, kein Anrecht auf Identität zu haben, die allein Heimat und Behaustsein ermöglicht. Chamissos notorische Heimatlosigkeit war konkret und nicht metaphysisch. Sein Heimatverlust ist nicht bloß die Grunderfahrung des elfjährig Exilierten, sie ist das Thema des *Schlemihl*, das Thema des verlorenen und nur im Gedicht bewahrten »Schloß Boncourt«. Hier gewinnt es eine neue Dialektik.

»Erscheinung« ist das Gedicht eines Verlusts und eines Abschieds. Doch im Abschied, in der weinenden Preisgabe, im Hinausgehn in die Nacht weiß dieses Ich, daß sein besserer Teil gerettet und behaust ist. Denn dort, in der Wohnung, stand doch der andere am Pult, am *Schreibpult*, dürfen wir annehmen, stand also und *steht* der Dichter.

Und was für ein Haus ist das? Es ist – biographisch – das lebensmäßige Stabilitätssystem: bürgerlicher Beruf und Familie, »mit einem Fuß in der Botanik, mit dem anderen in der Literatur«, wie Chamisso 1829 schreibt. Es ist das Stabilitätsoptimum, das man erreichen kann, als »geborener Franzos und nur gepfropfter Deutscher«, wie der Dichter sich in einem Brief an Uhland bezeichnet. Sehr früh, nämlich 1806, hat Chamisso eine zu Herzen gehende Formulierung für diese Wohnstatt im Imaginären gefunden, wenn er an de la Foye schreibt: »Ich habe mich angebaut in meinem Lande, der ewig steten Welt der Wahrheit, der Ideen, der Dichtung. Verblaßt ist vor meinem Blicke die sogenannte Wirklichkeit mit ihren wechselnden Zufälligkeiten. Notwendigkeit, Ewigkeit und inneres Leben ist meine Wohnung.«

Das klingt noch ziemlich vorsatzmäßig, idealistisch, ja naiv. Es mußte sich lebensmäßig bewähren. Das Terzinengedicht »Erscheinung« will mir als Probe auf Chamissos Versuch vorkommen: Nicht als gelungene Synthese, sondern als offene Disparatheit. Denn es gibt weder das sichere Ich noch das sichere Haus. Aber es gibt die Sprache, die fremde, die man sich zu eigen macht und in der davon gedichtet werden kann, daß es Heimat nur noch hypothetisch gibt. Das erfuhren und erfahren auch »Chamissos Enkel«, wie Harald Weinrich jene Autoren genannt hat, die aus einer anderen Sprache und Kultur kommen und der deutschen Literatur neue Impulse geben. Ihnen ist Chamisso vorangegangen. Das erhält ihn lebendig.

Dampfschiff, Mergelgrube, trunkene Flut

Über einige Motive der Droste

Bei allen Fortschritten der optischen Technik wünschte man sich manchmal ein spezielles Perspektiv, etwa von der Größe jenes Röhrchens, durch das die kurzsichtige Annette von ihrem Rüschhaus zur Landstraße schaute, ob sich dort der Freund, der junge Levin Schücking zeigte. Nun muß, wo die Mechanik fehlt, die Hermeneutik aushelfen: deutende Perspektivik statt des Wunderperspektivs; Annäherung, wo Intimität nicht möglich ist.

Aus der zeitlichen Distanz darf man sagen: Die Droste war, alles in allem, eine vor-moderne Autorin. Und der hier über sie spricht, verleugnet nicht, daß seine primären literarischen Erfahrungen mit der Moderne zusammenhängen, mit dem vor allem, was man moderne Lyrik nennt. Er erinnert sich, beispielsweise, daß er als Schüler, Anfang der fünfziger Jahre, auf einem Büchertisch während der Ruhrfestspiele auf einen Gedichtband mit dem Titel *Trunkene Flut* stieß; und die Versflut Gottfried Benns besaß einen Sog, der ihn über die Jahre mitnahm – doch wohin gerät man mit dieser »trunkenen Flut«? Vielleicht zurück in eine andere Flut, in die »tief, tief trunkne« des Drosteschen Gedichts »Im Grase«.

Aus diesem großartigen Gedicht, aber auch aus vielen anderen Zeugnissen der Droste kann der Leser manchmal den Moment erfahren, da sich die Tiefe der Zeit öffnet – suggestiv, ja halluzinatorisch. Derlei war auch der Droste nicht fremd. »Gebe ich mich hin«, schreibt sie einmal, »so treibt's mich um, wie der Strudel ein Boot, oder wie der Wind die Heuflocken treibt; will ich ruhn, so summen und gaukeln die Bilder vor mir wie Mückenschwärme.«

Eine Szene hat mich während meiner Droste-Lektüre nicht verlassen; sie umgaukelt mich, und ein Boot, gar ein Schiff kommt darin vor. Es ist eine Szene, die in die Zeit der ersten Rheinreise der Droste gehört, in jene Erholungs- und Befreiungsreise von 1825, die ihr August Wilhelm Schlegels und Sibylla Mertens-Schaafhausens Bekanntschaft einbrachte und die Gespenster ihrer Liebes- und Jugendkatastrophe verscheuchte. In einem Brief an die Mutter will sie der liebsten Mama »doch noch allerhand *Allotria* mitteilen«. Was folgt, ist unter dem recht harmlosen Begriff nur unzureichend verdeckt, ist Halluzination und Allegorie zugleich. Annette gibt nämlich eine Schilderung des soeben vom Stapel gelaufenen Dampfschiffs *Friedrich-Wilhelm*, ganz nah, von der Schiffsbrücke aus gesehen, wie es mehrere Male rheinauf, rheinab fährt, begleitet von türkischer Musik und beständigem Kanonenfeuer.

»Ein so großes Dampfschiff«, schreibt sie, »ist etwas höchst Imposantes, man kann wohl sagen, Fürchterliches. – Es wird, wie Du wohl weißt, durch Räder fortbewegt, die, verbunden mit dem Geräusch des Schnellsegelns ein solches Gezisch verursachen, daß es auf dem Schiffe schwer halten muß, sich zu verstehen. Doch dieses ist nicht das eigentlich Ängstliche. Aber im Schiffe steht eine hohe dicke Säule, aus der unaufhörlich der Dampf hinausströmt in einer grauen Rauchsäule mit ungeheurer Gewalt und einem Geräusch wie das der Flamme bei einem brennenden Hause. Wenn das Schiff stille steht, oder wenn der Dampf so stark wird, daß er die Sicherheitsventile öffnet, so fängt das Ding dermaßen an zu brausen und zu heulen, daß man meint, es wollte sogleich in die Luft fliegen. Kurz, das Ganze gleicht einer Höllenmaschine, doch soll gar keine Gefahr dabei sein, und ich möchte diese schöne Gelegenheit wohl nutzen, um nach Koblenz zu kommen, was *in fünf Stunden* möglich sein soll.«

Was die »gehorsame Tochter Nette« da als »*Allotria*« in den Brief einschmuggelt, ist nichts weniger als eine Allegorie der Moderne. Darin ist die hohe Säule nicht länger eine Tempelsäule, sondern der Schlot einer Höllenmaschine, deren Sicherheitsventile vorerst noch den Überdruck abblasen. Das Brausen und Heulen erscheint als Warnzeichen, und man möchte für die Nerven der jungen Frau fürchten, hätte sie nicht im gleichen Atemzug, nämlich im selben Satz, das »Ding« als ungefährlich und gar als »schöne Gelegenheit« erklärt – ein Beispiel für die bemerkenswerte und auch sonst bewiesene Unerschrockenheit der Droste, die mit ihren Dämonen auf vertrautem Fuß zu leben pflegte.

Um das zu tun, mußte sie nicht unbedingt Dampfschiff fahren; sie hat auch – anders als Chamisso – diese »Facilität der Communication« nicht weiter glorifiziert. Den Neuerern war sie ohnedies nicht grün. Auch nicht ihren Themen und Motiven. So hat sie aus dem Dampfschiff-Motiv auch kein Gedicht gemacht, sondern es in ihrer Korrespondenz versteckt. Immerhin hätte ihre Schiffs-Allegorie einen berühmten Satz Walter Benjamins verifizieren können, nämlich: »Der Begriff des Fortschritts ist auf die Idee der Katastrophe zu fundieren.« Die Droste ging in ihrer Briefstelle über das hinaus, was sie selbst und was ihre Zeitgenossen mit der Technik an Apokalyptischem verbanden. Es gibt übrigens einen Stahlstich, der den von der Droste geschilderten Dampfer bei seiner Ankunft in Köln am 14. September 1825 zeigt. Da erscheint die »Höllenmaschine« als ein eher harmlos wölkendes Raddampferchen vor der Kulisse des noch im Bau befindlichen Doms.

Wir wissen, wie wenig die Droste von der nationalen Dombau-Begeisterung der Zeit hielt. Ihr Gedicht »Die Stadt und der Dom« wendet sich entschieden gegen die Verknüpfung von »Magazin und Monument«, gegen die Verbindung von Kommerz und Religion. Denn Gott erscheint nur im unsichtbaren Dom der Beter, in der unsichtbaren Stadt der Samariter: »Er ist kein Sand, der glitzernd stäubt, / Kein Dampfrad, das die Schiffe treibt.«

Wenn wir das lesen, begreifen wir auch, warum die Dichterin die flinke Verarbeitung technischer Novitäten ihrem sonst durchaus geschätzten Landsmann Ferdinand Freiligrath überließ. Der machte dann in der politischen Unruhe des Vormärz in seinem Gedicht »Von unten auf« das Dampfboot zum Staatsschiff und gesellte dem Königspaar an Deck den »Proletarier-Maschinisten« im Bauch des Schiffs, im Kesselraum – alles im Namen von Fortschritt und Revolution. Der Droste wäre als schiere Blasphemie erschienen, was Freiligrath über den »Proletarier-Maschinisten« dichtete: »Auf meinen Schultern stark und breit, / Ein neuer Sankt Christopherus, trag' ich den Christ der neuen Zeit!«

Man wird begreiflich finden, daß der klarsichtige, manchmal auch verstockte Konservatismus der Droste ihr die Möglichkeit nahm, die naiven Modernismen ihrer Epoche zu überspringen und gleich in die Modernität überzugehen. Wie sollte ihr gelingen, was selbst ihrem Jahrgangsgefährten Heinrich Heine verwehrt blieb? Heine, der als Mann und Freigeist soviel begünstigter war und mit der Taufe, dem »Entreebillett zur europäischen Kultur«, zugleich den Preis für seine Säkularisierung des Wahren, Schönen und Guten entrichtet hatte. Die Droste zahlte auf ihre Weise den Preis für ihr Dichten und das, was dem Dichten vorausgeht – für die Sehnsucht, am Leben teilzunehmen.

Dichtung ist ein Wunder gegen die Umstände, die sie fast verhindert hätten; es läßt die Schlacken, das Hinderliche und Entfernende fast vergessen. Denn an der Stelle, wo es glüht, ist alles Nähe und Gegenwart. So hat die Droste jene sechs oder acht großen Gedichte geschrieben, jene »hinterlassungsfähigen Gebilde«, von denen Benn sprach: »Die übrigen mögen interessant sein unter dem Gesichtspunkt des Biographischen und Entwicklungsmäßigen des Autors, aber in sich ruhend, aus sich leuchtend, voll langer Faszination sind nur wenige – also um diese sechs Gedichte die dreißig bis fünfzig Jahre Askese, Leiden und Kampf.«

Soweit Benn, soweit sein Artistenevangelium. Die Droste hätte für diesen Glauben kaum Verständnis gehabt; sie bemühte sich um ein anderes Evangelium. Askese und Leiden, das kannte sie; aber nicht um l'art pour l'art, sondern um Liebe: die Liebe zum Nächsten, die Nähe zum Geliebten. Doch nicht einmal dort kämpfte sie, etwa um Levin Schücking, oder gab doch den Kampf bald auf. Und dreißig oder gar fünfzig Jahre »Askese. Leiden und Kampf«? Dem kränkelnden adligen Fräulein waren ganze 51 Jahre vergönnt. Ihr immer wieder durch Krankheit unterbrochenes und auf Ermutigung angewiesenes Schaffen konzentriert sich auf wenige ergiebige Jahre; und die für die Lyrik fruchtbaren sind an den Fingern einer Hand abzuzählen. Andererseits gibt es ihre Wette mit Schücking, sie, die Droste, werde binnen Jahresfrist einen Band von Gedichten zusammenbringen. Und da Episches und Balladisches schon vorhanden war, dichtete sie Lyrisches hinzu, also das, was gemeinhin am wenigsten zu forcieren ist.

Denn wer kommandierte da, zwischen Oktober 1841 und April 1842, als Levin Schücking Meersburg verließ? Schücking gewiß nicht, also die Poesie? Oder konnte die Droste, ihren ungedichteten Vorrat an Motiven, ihr ungedichtetes Leben heraufholend, die Poesie forcieren? Askese, Leiden und Kampf lagen hinter ihr; doch an dichterische Verwertung dürfte sie die ganze Zeit über kaum gedacht haben. Jetzt aber verfügte sie über ihre Vorräte und über ihre Kunst zugleich – »Die Hand ist leicht, das Werkzeug ist gestählt«, wie es einmal bei Rilke heißt.

Doch das eine ist das Gedicht in der Schublade; das andere die Veröffentlichung; das eine die Leistung, das andere die Anerkennung der Zeitgenossen. So bescheiden die Droste sonst sein mochte: ihres Ruhmes schien sie sich sicher. Schon 1820, im *Geistlichen Jahr*, heißt es: »Meine Lieder werden leben, / Wenn ich längst entschwand: / Mancher wird vor ihnen beben, / Der gleich mir empfand.« Ist das, wiewohl religiös begründet, noch ein gängiges romantisches Klischee? Oder der vorweggenommene Ernst der späten Leistung?

Opfer der Gegenwart

Im Sommer 1843, also nach der Meersburger Leistung, spricht sie in dem bedeutsamen Brief an Elise Rüdiger mit voller Sicherheit und Entschiedenheit. Sie mokiert sich über das literarische Durcheinanderkrabbeln und verzichtet auf den Kitzel teilzunehmen, ihre »Finger auch zu bewegen«. Dagegen steht ihr Vorsatz, »nie auf den EFFEKT zu arbeiten, keiner beliebten Manier, keinem anderm Führer als der ewig wahren Natur durch die Windungen des Menschenherzen zu folgen«. Und nach diesem intimen Manifest eines auf Natur und Ethos gegründeten Realismus schließt sie an: »Ich mag und will jetzt nicht berühmt werden, aber nach hundert Jahren möcht ich gelesen werden, und vielleicht gelingts mir, da es im Grunde so leicht ist wie Columbus Kunststück mit dem Ey, und nur das entschlossene Opfer der Gegenwart verlangt.«

Ein euphorischer Moment, gewiß; und Annette hatte Recht auf Selbstgefühl, doppelt recht: *Die Judenbuche* war vollendet, und im Zusammensein mit Schücking war jener Gedichtband gewachsen, der ihren Ruhm begründen sollte. Doch hatte nicht ihre ganze Karriere an einem Haar gehangen? Und welcher Gnade des Weltgeists verdankt sich der Ruhm, der die Dichterin noch zu Lebzeiten erreichte? Die Droste besaß genug Gott- und Selbstvertrauen, aber keine literarische Strategie. Sie überließ ihre publizistischen Angelegenheiten mehr oder minder geschickten Vermittlern. Ihre halbanonym erschienene Gedichtsammlung von 1838 war ein Flop; ganze 74 Exemplare wurden verkauft, und der Autorin war nicht einmal eingefallen, ein Honorar zu verlangen. Um so höher zu schätzen sind Schückings Verdienste – zu Lebzeiten der Droste, wie nach ihrem Tode. Worauf also gründete sich ihre Hoffnung, nach hundert Jahren gelesen zu werden? Auf das entschlossene Opfer der Gegenwart – das Opfer persönlichen Glücks.

Wo es das Opfer gibt, gibt es auch Hoffnung. Denn wo solche Hoffnung nicht mehr fraglos ist, muß man nachhelfen, durch Strategie. Das ist die Situation der Moderne; ist die Situation Baudelaires. 1857, dreizehn Jahre nach dem großen Gedichtband der Droste, erschienen *Die Blumen des Bösen*, das lyrische Grundbuch der Moderne. Auch Baudelaire wünschte sich, daß seine Gedichte bleiben und von späteren Lesern gewürdigt werden sollten. Aber er hat – wenn wir der Deutung Walter Benjamins folgen – weitblickende Berechnungen anstellen müssen, um sein Ziel zu erreichen. Wo alles zur Ware wird, blieb die Poesie nicht verschont. So war Baudelaire genötigt, den Markt als objektive Instanz anzuerkennen und durch marktgerechte Originalität Platz für seine Gedichte zu schaffen. Vor Baudelaire war Originalität an Größe gebunden, an Genie, an Qualität. Im Gewimmel des Marktes fällt man auf durch eine, wie Baudelaire sagt, »Kreation einer Schablone«. Der Droste aber erlaubten gesellschaftlicher Status wie persönliche Ethik eine Distanz zum »Durcheinanderkrabbeln«, zur Spezialisierung und zur Schablone.

Dabei hat sie erstaunlicherweise ein völlig neues *Thema* entdeckt und dafür auch Nachfolger gefunden: Heide und Moor als Sujet ihrer *Heidebilder*, die erst die Heidedichtung von Hebbel und Storm bis hinab zu Hermann Löns ermöglichten. Niemals wäre sie auf die Idee gekommen, die Heidelandschaft als ihre Spezialität zu vermarkten. Sie hatte eine ältere, umfassendere Vorstellung vom Dichten, von der Fülle der Gattungen, die vom geistlichen Lied zur Ballade, von der Novelle bis zum literarsatirischen Lustspiel reichte. Man hat vermerkt, wieviel Mühe sie sich um die Variation der Strophenformen gab, wie peinlich sie dabei Doppelungen und Wiederholungen vermied. Serielles war ihr fremd (anders übrigens als Heine, der darin seine Modernität beweist). Alle ihre Gedichte – selbst in den Zyklen – sind Einzelstücke, und ihre großen Gedichte vollends Solitäre.

Es sind Gedichte, die nach Rang und Thema kaum Entsprechungen in der zeitgenössischen Produktion haben. Sie sind es, die das Paradox der Drosteschen Dichtung ausmachen: zugleich fern wie strahlend nah zu sein. Und wenn ich etwas über einige dieser Solitäre sagen darf, möchte ich mit einem eher unscheinbaren, gar nicht prangenden Gedicht beginnen. Es ist »Die Mergelgrube«, die sich kaum in den gängigen Anthologien findet. Das scheinbar nüchterne Gedicht hat etwas Epiphanisches und erfüllt die Formulierung von James Joyce, wonach uns »die Seele des gewöhnlichsten Objekts« zu strahlen scheint. In diese Grube muß man sich hineinbegeben, um das zu empfinden.

Mergelgrube

Das Gedicht beginnt als Grabung, und wenn wir der Schilderung des buntscheckigen Erdmaterials, der geologischen Schichtungen gefolgt sind, steigen wir mit der Dichterin in die Mergelgrube selbst hinab und machen uns ihre akustische Hyperempfindlichkeit zu eigen, die aus dem Sausen des Winds in der Grube einen Traum werden läßt. Wir gehen gewissermaßen im grauen Mergel verloren:

Tief ins Gebröckel, in die Mergelgrube
War ich gestiegen, denn der Wind zog scharf;
Dort saß ich seitwärts in der Höhlenstube.
Und horchte träumend auf der Luft Geharf,
Es waren Klänge, wie wenn Geisterhall
Melodisch schwinde im zerstörten All;
Und dann ein Zischen, wie von Moores Klaffen,
Wenn brodelnd es in sich zusamm'gesunken;
Mir überm Haupt ein Rispeln und ein Schaffen,
Als scharre in der Asche man den Funken.
Findlinge zog ich Stück auf Stück hervor,
Und lauschte, lauschte mit berauschtem Ohr.

Vor mir, um mich der graue Mergel nur,
Was drüber sah ich nicht; doch die Natur
Schien mir verödet, und ein Bild erstand
Von einer Erde, mürbe, ausgebrannt;
Ich selber schien ein Funken mir, der doch
Erzittert in der toten Asche noch,
Ein Findling im zerfallnen Weltenbau.
Die Wolke teilte sich, der Wind ward lau;
Mein Haupt nicht wagt' ich aus dem Hohl zu strecken,
Um nicht zu schauen der Verödung Schrecken,
Wie Neues quoll und Altes sich zersetzte –
War ich der erste Mensch oder der letzte?

Wir lesen das heute mit anderem Verständnis als frühere Generationen. Wir glauben zu wissen, wie eine künftige Erde aussehen könnte, »mürbe, ausgebrannt«. Wir glauben zu wissen, daß das menschliche Subjekt etwas Archaisches und zugleich Vergangenes ist und die menschliche Species dereinst als »Findling im zerfallnen Weltenbau« erscheinen mag. Benns »Verlorenes Ich, zersprengt von Stratosphären« kann kaum verlorener sein.

Doch während Benn seine Regression sehr bewußt betrieb, taucht die Droste aus einem Traum zurück in die Wirklichkeit. Der poetisch-archaische »Byssusknäuel«, der ihr in den Schoß rollte, entpuppt sich als »Wolle, ehrlich Lämmerhaar«; und wo Wolle und Lämmer sind, ist der Hirte nicht fern. Er sitzt oberhalb der Grube und strickt »bedächtig seinen Socken«; ein bißchen weggetreten wohl, denn »er schaut so seelengleich die Herde an, / Daß man nicht weiß, ob Schaf er oder Mann«.

Das macht wohl das schmachtende Lied, das er singt, und das zu dem im Moose liegenden Buch kontrastiert. Es ist Bertuchs aufklärerische Naturgeschichte, die der Schäfer für pure Lüge hält. Sein bornierter Bibelglauben, der die Schilderung der Sintflut buchstäblich nimmt, modern gesagt: sein Kreationismus will von der Erdgeschichte nichts wissen und nichts von den Versteinerungen. Seine Pfiffigkeit glaubt sich der Dichterin über:

> Ich reichte ihm die Schieferplatte. »schau,
> Das war ein Tier.« Da zwinkert er die Brau
> Und hat mir lange pfiffig nachgelacht –
> Daß ich verrückt sei, hätt' er nicht gedacht! –

Zum Traum von der Verlorenheit des Menschen im Weltenbau kontrastiert die poetische Ironie, der Humor. Nur so kann die Dichterin die fast alptraumhafte Befangenheit abstreifen. Humor, so scheint mir, bezeugt auch ihre Maskierung als Mann im Gedicht. Darüber haben die Forscher natürlich ihre Vermutungen angestellt. Etwa: Um in Stimmung zu kommen, habe die Droste sich als Mann verkleidet denken müssen. Der das schrieb, Ernst Kretschmer in *Geniale Menschen*, hat wohl nie das großartig-bacchantische Gedicht »Am Turme« gelesen, das die Dichterin als entfesselte Mänade zeigt. Daß sie in der »Mergelgrube« sich als Mann ansprechen läßt – »Der lügt mal, Herr!« sagt der Schäfer –, mag schlicht literarische Konvention sein, wonach Dichter männlichen Geschlechts sind. Aber hat man auch die Möglichkeit erwogen, daß der Schäfer, schläfrig wie seine Schafe, nicht wirklich aufgeschaut und die Frau nicht erkannt hat?

Scherz beiseite. Die Rede ist von Rollentausch, von Maskierung. Bei der Droste ist sie Ausnahme, für viele moderne Autoren Bestandteil ihrer Methode; sei es, weil sie die Identität überhaupt für verloren gaben, sei es, daß sie eine Erweiterung ihres Ich suchten. Man denke an T.S. Eliots Persona *Prufrock*, an die Odysseus-Figur in Ezra Pounds *Cantos*, oder an den Portugiesen Fernando Pessoa, der nicht bloß aus Masken sprach, sondern gleich mehrere Dichter und ihre Werke erfand: »ein Drama in Leuten«, wie er es nannte. Man denke schließlich an Ingeborg Bachmann, die ihre Weiblichkeit gewiß nicht verleugnete, und ihr »Curriculum« schrieb, ein großes Gedicht, in dem sie aus der Rolle des Mannes spricht.

Spiegelbild

Die Droste mußte nicht zu Maskierungen greifen, um die Probleme ihres Ich zu objektivieren. Sie hatte die Prosa, etwa die der *Ledwina*-Novelle. Auch das »Ich« der meisten ihrer Gedichte ist nicht zweifelhaft. Es eröffnet oft genug den Text. Manchmal aber führt ihre Fähigkeit zu Selbstdistanz und Beobachtung an die Grenze, ins Dämonische, zugleich in die äußerste Verschärfung der Analyse. Solche Grenzerfahrung markiert »Das Spiegelbild«, ein Gedicht, wie es Freud hätte bewundern können, hätte er es gekannt. Enorm suggestiv exponieren die Eingangsstrophen das Thema: die Begegnung mit dem gespiegelten Selbst als dem ganz anderen:

Schaust du mich an aus dem Kristall,
Mit deiner Augen Nebelball,
Kometen gleich die im Verbleichen;
Mit Zügen, worin wunderlich
Zwei Seelen wie Spione sich
Umschleichen, ja, dann flüstre ich:
Phantom, du bist nicht meines Gleichen!

Bist nur entschlüpft der Träume Hut,
Zu eisen mir das warme Blut,
Die dunkle Locke mir zu blassen;
Und dennoch, dämmerndes Gesicht,
Drin seltsam spielt ein Doppellicht,
Trätest du vor, ich weiß es nicht,
Würd' ich dich lieben oder hassen?

Wer ist dieser andere, das Gegenbild, das Phantom? Clemens Heselhaus hat gemeint, im Spiegel scheine der Typus des *Zerrissenen* auf, der unter Byrons Einfluß im Vormärz und bei den Jungdeutschen Mode und Pose war. Er hat auch nahegelegt, daß das Phantom ein nicht völlig verfremdetes Selbstporträt ist, ähnlich dem des Fräuleins Sophie in *Bei uns zu Lande auf dem Lande.* »Ihre nicht regelmäßigen aber scharf geschnittenen Züge«, heißt es da, »können sich (...) bis zum Ausdruck einer Seherin steigern.«

Was aber hält das angefochtene und zugleich faszinierte Ich davon ab, dem Phantom zu verfallen oder sich unter seiner Bedrohung aufzulösen? Es ist die eigentümliche Furchtlosigkeit und Besonnenheit, die die Dichterin nicht aufgibt. Sie regiert auch den Kunstverstand, mit dem sie das Phantom in die Sprache, in die genau abgezirkelte Strophenform bannt. Ja mehr als dies alles: Es ist Caritas, ist Mitleid, stärker als alle Faszination. Sie spricht aus dem Schluß:

Und dennoch fühl' ich, wie verwandt,
Zu deinen Schauern mich gebannt,
Und Liebe muß der Furcht sich einen.
Ja, trätest aus Kristalles Rund,
Phantom, du lebend auf den Grund,
Nur leise zittern würd' ich, und
Mich dünkt – ich würde um dich weinen.

Die Droste muß keine Maske aufsetzen, um sich vor dem Anblick des Fremden, das auch sie selbst ist, zu schützen. Sie nimmt ihn in Augenschein: als sichtbare Wirklichkeit und Täuschung zugleich. Hier zeigt sich die vollendete Souveränität des dichtenden Ich. Die zutiefst Fromme bestimmt selbst die Milde des Schlusses: Zittern und Weinen stehen unter Vorbehalt. Man weint nur um wirkliche Menschen. Mit den Phantomen des Ich aber wird man fertig, indem man sie poetisch bannt. Eine poetische, aber auch eine moralische Leistung. Doch wo ließen sich bei der Droste Kunst und Moralität trennen?

Trunkene Flut

Denken wir daran, daß diese Identität mit der Moderne zerfällt, ja daß die Aufsprengung des Ich als poetische Leistung gesehen wird. Das empirische, das biographische Ich wird aus der Dichtung ausgetrieben, seine eingegrenzte Souveränität durch die absolute einer diktatorischen Phantasie ersetzt. »Le Je est un autre« (Ich ist ein anderer) verkündete Rimbaud und »Der Dichter macht sich zum Seher durch eine lange, riesige und bewußte Verwirrung all seiner Sinne« – also durch das, dem sich die Droste eher widersetzte. In Rimbauds Gedicht »Le bauteau ivre« (Das trunkene Schiff) schwimmt das entfesselte Ich ins Offene, Grenzenlose, Unbekannte. Ziel des Dichters ist das Ankommen im Unbekannten. Bei Gottfried Benn ist dieses Unbekannte in die Flut der Vokabeln gegeben, die von einem betörend fallenden Rhythmus getragen werden. Seine »Trunkene Flut« beginnt:

Trunkene Flut,
trance- und traumgefleckt.
O Absolut,
das meine Stirne deckt,
um das ich ringe,
aus dem der Preis
der tiefen Dinge,
die die Seele weiß.

Es ist die Woge der Sprache, aus der der Dichter schöpft. Er kann es nur, indem er dieses »Absolut« seine Stirn decken läßt, indem er sein Hirn, den Zusammenhang seines Ich unter dem Schwall der Vokabeln und Rhythmen lockert und aufreißt.

Daß Benn, der Expressionist, Rimbauds »Trunkenes Schiff« kannte, war unvermeidlich; erstaunlicher schon, daß seine im Mai 1927 gedichtete »Trunkene Flut« so nah an das »Im Grase« der Droste anklingt. Benn hat übrigens sein Vermächtnisgedicht »Kann keine Trauer sein«, das er 1956 seinen *Gesammelten Gedichten* voranstellte, mit den Zeilen eröffnet: »In jenem kleinen Bett, Kinderbett, starb die Droste / (zu sehn in ihrem Museum in Meersburg).« Benns Wendung »trunkene Flut« ist mehr als eine Anlehnung, ist fast schon Zitat. Und zwar eines, das das moderne Element im Gedicht der Droste trifft. Ich kann den Interpretationen zu diesem wohl schönsten Gedicht der Droste nichts hinzufügen. Man muß diesen Ton hören, der einzig ist in der Zeit und dessen narkotische Betörung am ehesten mit einigen Stücken Georg Heyms und Gottfried Benns zu vergleichen ist:

Süße Ruh', süßer Taumel im Gras,
Von des Krautes Arom umhaucht,
Tiefe Flut, tief, tief trunkne Flut,
Wenn die Wolk' am Azure verraucht,
Wenn aufs müde schwimmende Haupt
Süßes Lachen gaukelt herab,
Liebe Stimme säuselt und träuft
Wie die Lindenblüt' auf ein Grab.

Wenn im Busen die Toten dann,
Jede Leiche sich streckt und regt,
Leise, leise den Odem zieht,
Die geschlossne Wimper bewegt,
Tote Lieb', tote Lust, tote Zeit,
All die Schätze, im Schutt verwühlt,
Sich berühren mit schüchternem Klang
Gleich den Glöckchen, vom Winde umspielt.

Zwei schlechthin vollkommene Strophen, in denen es nichts Schweres, nichts Stockendes gibt, wo selbst das Tote – »Tote Lieb', tote Lust, tote Zeit« – vom anapästischen Rhythmus aufgehoben und beschwingt wird. Und wenn im Fortgang des Gedichts das Schwebend-Ekstatische nicht völlig zu halten ist, wenn sich auch in der dritten Strophe das Todesmotiv und die Klage um Abschied und verlorene Liebe einschleicht, so spricht doch der Schluß aus einer Dankbarkeit, die den ausgesprochenen Wunsch übersteigt:

Dennoch, Himmel, immer mir nur
Dieses Eine nur: für das Lied
Jedes freien Vogels im Blau
Eine Seele, die mit ihm zieht,
Nur für jeden kärglichen Strahl
Meinen farbig schillernden Saum,
Jeder warmen Hand meinen Druck
Und für jedes Glück meinen Traum.

Dies ist das Vermächtnis der Dichterin. Ein Wünschen, das kühn, doch nicht vermessen ist. Sie ruft nicht, wie Hölderlin, antikisch die Götter an, um einen Sommer und um reifen Gesang, sie bittet den Himmel um Empfänglichkeit, um Abglanz, um Traum. Und dieser Himmel ist, bei aller Frömmigkeit, die wir bei der Droste voraussetzen können, ein durchaus irdisch gesehener Himmel. Der Reim verbindet den »farbig schillernden Saum« mit dem »Traum« der Dichterin, verbindet Natur und Poesie. Dennoch herrscht da kein Kunstglaube, keine Artistenmetaphysik, kein Einklagen von Ansprüchen oder Leistungen. Die trunkene Flut, die die Dichterin überkam, mündet in die Hoffnung, daß ihr Träumen nicht vergebens war; und auch ein Dasein nicht, das auf gelebtes Glück und seine Gegenwart verzichten mußte.

Ich probierte auch einmal antike Maße

Die Oden-Strophen Georg Brittings

Es gibt die schöne Anekdote über den ängstlichen Zuschauer, der sich an der Kasse erkundigt, ob das Stück des Abends in Versen geschrieben sei. Ja, so wird ihm Bescheid, das Stück sei zwar in Versen geschrieben, aber man merke es nicht. Was den Theaterbesucher befriedigt. Damit bin ich, mit einer nicht ganz seriösen Wendung, bei Georg Brittings antiken Strophen. Britting kannte seine Pappenheimer; deshalb hatte er über die von ihm gewählten griechisch-römischen Formen eine ganz präzise Ansicht: man sollte sie nicht bemerken.

So schrieb er am 9. November 1946 an den Freund Georg Jung: »Es ist mir recht, und es ist das richtige, daß Ihnen bei meinen ›reimlosen‹ Gedichten nicht auffiel, daß sie in antiken Maßen gehalten sind. Das geht ja den aufnehmenden Leser auch gar nichts an. Ich, wie gesagt, wußte bis vor ein paar Jahren auch gar nichts davon, und das Hölderlinische ›nur einen Sommer gönnt, ihr Gewaltigen, und einen Herbst zu reifem Gesange mir, daß williger mein Herz, vom süßen Spiele gesättiget, dann mir sterbe!‹ bewunderte ich immer, und konnte es auswendig, ohne zu wissen, daß das die alkäische Strophe ist. Ich dachte, das heißt, ich dachte nichts, nur eben, daß es schön und von Hölderlin sei, und eben sein eigenes, frei erfundenes Maß, als mir die metrische Unschuld geraubt ward, entdeckte ich erst, daß viele meiner Lieblinge in antikem, streng vorgeschriebenem Maß gehalten waren, das heißt, es ging mir damit, wie Ihnen mit meinen ›reimlosen‹ Versen.«

Diese Briefpassage läßt uns einen schönen Blick in Brittings Werkstatt tun. Was erfahren wir?

Zum einen scheint es Brittings Ideal, das Künstliche seiner antiken Formen als etwas durchaus Natürliches erscheinen zu lassen. Ihm lag es fern, seine Leser zu verprellen und etwa wie Josef Weinheber mit kokettem Stoizismus einer Gruppe antiker Strophen ein »Graeca sunt, non leguntur« voranzustellen. Zum andern kann der Dichter, der spät – nämlich in seinen Fünfzigern – aus dem Stand der metrischen Unschuld gefallen war, nicht mehr in die naive Natürlichkeit zurück, sondern muß nach einer artistisch vermittelten Natur suchen. Freilich übertrieb Britting die Artistik nicht zur Künstelei. Der Liebhaber Mörikes und der Sappho trug in seiner Brieftasche ein Blatt mit den Schemata antiker Maße mit sich. Darauf befanden sich, mit Beispielen, das Distichon, die sapphische, die alkäische und die sogenannte dritte asklepiadeische Strophe – Gedächtnisstütze oder magisches Amulett? Philologische Ausgepichtheit war es jedenfalls nicht, denn auf dem Blatt fehlten die weiteren metrischen Differenzierungen, die für die Schemata griechischer und lateinischer Verse gelten. Britting trug also die Muster für *deutsche* Metren und Rhythmen mit sich. Sie allein interessierten ihn, nicht eine klassizistische Nachbildung der Antike.

Auf den ersten Blick freilich gehört der Odenschreiber Britting in den neoklassizistischen Formstrang der dreißiger Jahre; also in die Reihe Friedrich Georg Jünger, Rudolf Alexander Schröder, Josef Weinheber. Schröders *Septemberode* scheint er gekannt zu haben, und Jüngers »antikisch gefärbte, glühend kalte Art« hat er geschätzt. *Der Taurus* (1937) und andere Gedichtsammlungen F. G. Jüngers befanden sich in Brittings Besitz. Weinhebers Antikisieren und Heroisieren dagegen mochte er gar nicht. Weinheber war ihm, im Vergleich zu Carossa, »nur Klassizist« und nichts darüber hinaus.

Dietrich Bode hat 1962 in seiner Monographie Brittings Platz in diesem Kontext bestimmt. Danach ist auch Britting von der Hölderlin-Renaissance oder -Mode der Jahre 1940/42 nicht unberührt geblieben. Vor allem der »realistische« Hölderlin und die Kurz-Oden der Stuttgarter Zeit wurden ihm wichtig. Hinzu trat Goethe, zu dessen (freilich freirhythmisches) *Herbstgefühl* (1775) sich Brittings sapphische Ode *Sommergefühl* wie eine Kontrafaktur liest. »Britting«, so Bode, »will bewußt modern sein bei seiner antiken Attitüde, und das heißt für ihn vor allem konkret und hin und wieder dionysisch.«

Modern? Das klingt für den Moment vielleicht merkwürdig. Doch eine einfache Überlegung bestätigt Bodes These. Die klassizistischen Lyriker der dreißiger Jahre blieben nach dem Krieg ohne Nachfolge. Niemand unter den damals Jungen dichtete noch fromm-vaterländisch wie Schröder, heidnisch-gräzisierend wie Jünger oder wollte gar Weinhebers heroischen Nihilismus fortsetzen. Britting, der Mann vom Jahrgang 1891, war etwas anderes; und das nicht bloß, weil er nach 1945 – wie Lehmann, Loerke, Langgässer und Huchel – als Naturlyriker Schule machte. Kein Zweifel, daß er Karl Krolow und Günter Eich anregte. Weniger bekannt ist, daß der 1945 umgekommene Friedo Lampe sich als Verehrer Brittings bezeichnet hat; zwei nachgelassene Gedichte zeigen den Einfluß. Walter Höllerers Erstling *Der andere Gast* (1952) ist ohne Brittings Vorgang nicht zu denken: des ganzen Britting, doch mit besonderem Akzent auf den aufgerauhten antiken Strophen. Bei Heinz Piontek ist der Einfluß ebenfalls sichtbar; freilich unter Ausschluß der Odenverse. Schließlich erschien 1956 das Bändchen *Falterzug* des damals 21jährigen Albert von Schirnding; und hier gab es nicht bloß die Widmung »Für Georg Britting«, sondern auch ein alkäisches Gedicht, das ausdrücklich als *Ode* bezeichnet war.

Noch ein weiteres chronologisches Argument. Brittings Produktion antiker Strophen setzt zu einem Zeitpunkt ein, als die Ode strenger Observanz nach Anspruch und Form obsolet geworden war. Eine mittlere Tonlage schien aber möglich; und so entstanden die meisten antiken Strophen Brittings in den fünfziger Jahren, als Zeugnisse eines Alterswerks, das dennoch die Sympathie der Jungen finden konnte. Auch ein anderer bedeutender Lyriker mühte sich damals mit Odenmaßen ab: Johannes Bobrowski, der sich Klopstock als seinen »Zuchtmeister« erkoren hatte. Er hatte als Nachrichtensoldat 1941 am Ilmensee Odenstrophen über russische Landschaft geschrieben, und einige dieser Oden waren durch die Vermittlung Ina Seidels noch im März 1944 im letzten Heft der Zeitschrift *Das innere Reich* erschienen. Als Bobrowski jedoch, etwa ab 1952, seinen eigenen Ton fand und seinen »sarmatischen Divan« in Angriff nahm, kam er nur noch selten auf die Oden-Strophen zurück.

Anders Georg Britting. Bei ihm setzte das Schreiben antiker Maße nach seinem Sonettzyklus *Die Begegnung* (1947) ein und steigerte sich zusehends: *Lob des Weines* (1944 bzw. 1950) enthält drei Gedichte in Distichen bzw. reinen Hexametern; dazu eine alkäische, eine asklepiadeische und vier sapphische

Oden. *Unter hohen Bäumen* (1951) bietet je zwei sapphische, alkäische und asklepiadeische Stücke. Nun aber das Erstaunliche: Brittings Nachlaßband *Der unverstörte Kalender* (1965) enthält insgesamt 72 Gedichte; davon ist genau ein Drittel in antiken Strophen geschrieben: 6 in der sapphischen und 18 in der alkäischen. Sie sind überhaupt die Lieblingsformen des späten Britting.

Woher diese Wendung? Da ist zunächst die Erschöpfung der dynamischen Impulse nach Erscheinen des *Irdischen Tags* (1935). Die kraftvoll gestauten Rhythmen der Reimgedichte treten zurück; Lautmalerei und Schalleffekte werden gedämpft. Der Band *Rabe, Roß und Hahn* (1939) zeigt bereits eine gewisse Einebnung, ja Glättung der rhythmischen Impulse, fast etwas wie Überdruß an Strophe und Reim.

Zum andern gibt es eine Erschöpfung der Sonettform nach dem Zyklus *Die Begegnung*. Danach schrieb Britting nur noch wenige Sonette. Das Gefäß des Sonetts, vor allem der Jambentritt schienen in ihren Möglichkeiten erschöpft. Die Befreiung vom Reimzwang war für Britting ein naheliegendes, doch auch das oberflächlichste Motiv für die antiken Strophen: »Kurz, ich probierte auch einmal antike Maße, etwas, das ich früher gar nicht mochte, und was mir immer langweilig erschienen war. Der erste Versuch in alkäischem Maß war das ›Jagerglück‹. Es klappte gleich ganz schön, und schien mir sehr leicht, leichter als zu reimen.«

Viel wichtiger dürfte bei dieser Wendung zu den antiken Strophen die Erweiterung der rhythmischen Möglichkeiten unter Beibehaltung der strengen Form gewesen sein. Diese Erweiterung rhythmischer Vielfalt war möglich ohne Abirrung ins Unverbindliche, wie sie dem freien Vers droht. Dennoch gab es eine untergründige Besorgnis bei diesem Experiment, und Britting erwog zwischendurch eine Rückkehr zu den Formen des *Irdischen Tags*. In einem Brief an Jung heißt es: »Das Gedicht, sapphisches Maß, auf eigenem Blatt, es ist mir immer merkwürdig mit den festen Maßen, nach zwanzig Jahren sozusagen freier Rhythmen. Ganz verlier ich die Furcht nie, dabei an Eigenart zu verlieren, aber es lockt mich immer wieder. Dabei träum ich immer davon, die freiere Art des ›Irdischen Tags‹ wieder aufzunehmen, aber noch dichter mich zu ballen.«

Das »noch dichter mich ballen« erscheint als Kompensation von Impulsen, die so nicht mehr zur Verfügung standen; als ein Rückgewinn von Kraft auf der Ebene des Alters. Bildlich zu reden: Die Verengung des Querschnitts steigert Druck und Durchflußgeschwindigkeit im System. Die Reibung an der Form ersetzte Britting etwas von der verlorengegangenen Reibung an der Wirklichkeit. Vor allem aber bot die Odenform Möglichkeiten des gnomischen Ausdrucks, der auf die Klangeffekte und die eingespielte Dialektik des Sonetts verzichten konnte. Umgekehrt wird deutlich, warum Britting sich nicht total auf die antiken Strophen einließ: Er wollte sich andere Möglichkeiten offen halten; und so schrieb er bis zuletzt auch gereimte Gedichte nach der früheren Britting-Manier. Er blieb Pragmatiker.

Er war es auch in der Behandlung der antiken Strophen. Er schloß das Antike nicht a priori ein, aber auch nicht unbedingt aus. Wo gibt es explizite Bezüge aus antiken Formen und Themen? Die Ausbeute ist merkwürdig dürftig. In »Der Weinkrug« heißt es:

Laßt mich heut im sapphischen Maß den blauen
Weinkrug schildern: bauchig gewölbt, mit schönem
Halse, weiß getüpfelt, erglänzt er riesig
Zwischen den Gläsern.

Wenn die Honigstimme aus Lesbos klagend
Von der Purpurlippigen Brautbett singt, von
Reifenspiel und Ballwurf und blauen Augen
Griechischer Mädchen –

Sappho, du verargst es mir nicht, im gleichen
Tonfall von der Schenke zu schwärmen, von dem
Alten Glück der zechenden Männer an den
Hölzernen Tischen (...)

Das ist doch ziemlich beflissen, ja kunstgewerblich. Dichtete Britting also Antikisches in antikisierenden Formen? Viel spricht für den Umkehrschluß: Wo Britting Antikisches darstellt, meidet er eher die antike Form. So in dem 1938 (noch im Stand von Brittings metrischer Unschuld) geschriebenen, von Kleists *Penthesilea* inspirierten großen Gedicht »Was hat,

Achill ...« , dem Albert von Schirnding eine schöne Interpretation gewidmet hat. Schirnding schreibt: »Das Klassisch-Antike durchdringt sich mit süddeutschem Kolorit. (...) Achill ist eben nicht nur ein antiker Heros, sondern auch ein bayerisches ›Mannsbild‹ – Groß und Klein, Ferne und Nähe sind in ihm zu einer höchst einprägsamen Figur verschmolzen.«

Aber das antikische Lebensgefühl fehlt nicht ganz, und auch nicht ein Ethos der Form, das ihm entspricht. So kann »Jägerglück« am ehesten als Ode im tradierten Sinne gelten:

Du bückst dich, hältst ein Vierblatt empor, als gäb
Es viele: aber andere suchen lang
Im grünen Kleefeld glücklos. Dir doch
Zeigt es sich gerne, das sonst so scheu ist.

Und wills die Stunde, brauchst du wie träumend nur
Das Flintenrohr zu heben im Wald: schon stürzt
Das Reh. Das stieg aus heiterm Talgrund
Eilig herauf, um den Tod zu finden.

Was nicht der List des kundigen Fischers glückt,
Oft glückts dem Neuling: hoch aus dem Bache schnellt
Er leichter Hand die alte, schlaue
Gumpenforelle ans grelle Taglicht –

Und wild sich schleudernd hilft sie noch selbst dem Feind.
Es zwingt das Herz, das reif ist, den Pfeil herbei.
Drum preise laut den Schutz nicht, Schütze!
Schultre den Bogen und troll dich schweigend!

Dies ist ohne Zweifel eines der schönsten und bedeutendsten Stücke Brittings überhaupt; von gefaßtem, stoischem Ton und mit wunderbar präzisen gnomischen Prägungen wie: »Es zwingt das Herz, das reif ist, den Pfeil herbei!« Die Interpreten sind sich einig im Lob. Hans Egon Holthusen schrieb: »Ein aus vier makellos gefügten alkäischen Strophen zusammengesetztes Gebilde aus seinen späten Jahren. Was hier zur Sprache kommt, ist die stoische Idee der Heimarmene in ihrer doppelten Bedeutung als ›Glück‹ und Tod: Glück des Jägers und Tod des Beutetiers, doppeldeutig, wie ein delphisches Orakel und doch in diesem wie in jenem Sinne durchaus wahr.«

Aber schon in einem nicht minder schönen Gedicht wie »Sommergefühl« tritt das Antikische hinter dem Goethesch-Naturhaften zurück, das ja im kaum verhüllten Bezug auf Goethes »Herbstgefühl« von 1775 anwesend ist. Goethes berühmtem Auftakt »Fetter grüne, du Laub, / Am Rebengeländer« korrespondiert die erste Strophe von Brittings sapphischer Ode:

Kurzer Sommer, glühender, bleib! Dein Anhauch
Zwar verdrießt das ängstliche Gras. Das Korn doch
Liebt dich, der sich rötende Wein. Die Grille
Singt dir ein Loblied.

Die sapphische gilt im Deutschen als die schwierigste unter den antiken Strophen. Es ist nicht leicht, die drei gleichgebauten sapphischen Elfsilbler (auf die der fünfsilbige Adoneus folgt) als rhythmische Gestalt so einzuprägen, daß sie erkennbar werden, das heißt vom fünfhebigen Trochäus geschieden, und daß, zum andern, Monotonie vermieden wird. Der Dichter bewegt sich gefährlich zwischen Marklosigkeit und Monotonie. Klopstock hat, um die Monotonie zu vermeiden, den sogenannten »Wanderdaktylus« eingeführt: An die Stelle des regelmäßig wiederkehrenden Daktylus in Versmitte tritt ein Daktylus, der von der ersten zur dritten Position wandert. Hölderlins einzige sapphische Ode »Unter den Alpen gesungen« nimmt diese Klopstocksche Variante auf. Britting (wie übrigens auch Bobrowski) tut es nicht. Respekt vor der Urform? Sinn für die Strenge der Kontur? Mir scheint: es ist vor allem die Sorge um den Verlust der Gestalt, Angst vorm Verfließen des Verses. Ursula Jaspersen hat an »Sommergefühl« dargelegt, wie Britting das metrische Schema entschieden einprägt: »Kurzer Sommer, – v – v / glühender, bleib! – v v – / dein Anhauch v – v /. Ist dieses Schema erst einmal erfaßt, muß es im Verlauf des Gedichts nicht immer wieder nachgezogen werden.«

Mir scheint überhaupt bemerkenswert, wie vergleichsweise häufig Britting die sapphische Strophe benutzt hat. Einmal operiert er sogar mit einem Binnenreim; nämlich in der ersten Strophe von »Süßer Trug«:

Rotes Laub, Zerfall in den Büschen – doch der
Föhn malt schlau sein funkelndes Blau, als sei es

Sommer! Lange ging der davon. Es ist schon
Spät im Oktober.

Ich will nicht rätseln, ob Übermut im Spiel war oder Rückkehrlust zur Reimstrophe. Der Titel vom süßen *Trug* paßt jedenfalls zur Praxis. Noch ein weiteres Beispiel für die sapphische Strophe, das späte Gedicht »Der Jäger«:

Vor dem Abwurf. Noch auf dem Lederhandschuh
Sitzt der Falke träumend. Der Schein von Blitzen
Wetterleuchtet durch sein Gemüt. Er zittert.
Gern siehts der Jäger.

Aus dem Dickicht struppiger Weiden hebt sich,
Scharf geschnäbelt, silberner Brust der Reiher:
Weiß den Raubfisch neben der Sandbank, nicht den
Lauernden Jäger.

Hilflos flügelnd stürzt der Geschlagne nieder.
Ohne Ahnung tänzelt der Fisch davon und
Frißt den kleinern. Üppiger Tod, du lächelst
Über die Jäger.

Das ist typischer Britting. Die Natur ist darwinistischer Kampfplatz, auf dem die Roheit des Starken und die List des Schwachen gilt. Fressen und Gefressenwerden ist unabänderliches Gesetz. Auch der Mensch gehört in diese Welt, als Zuschauer, Täter und Opfer. Dazu paßt die straffe, fast starre Form. Sie wirkt wie gepunzt und gehämmert. Britting gibt der sapphischen Strophe ein scharfes Profil. Er prägt die Daktylen deutlich ein (»struppiger Weiden«, »silberner Brust«, »neben der Sandbank«). Den Adoneus verstärkt er noch durch modifizierte Wiederholung des Jäger-Motivs. Der Sieger hat das letzte Wort, der Tod als Jäger aller Jäger. Brittings sapphische Formen überzeugen besonders dort, wo sie die feste Kontur betonen und, damit verbunden, das männlich-stoische Moment; kurz: wo sie die Kraft seiner alkäischen Strophen erreichen.

Von diesen sei noch einmal die Rede. Die alkäische Strophe bringt schon von Haus aus eine deutliche Kontur: Die ansteigenden, mit einer Doppelsenkung nach der dritten Hebung versehenen Elfsilbler erhalten in der Wiederholung ihren Umriß; der alternierend schreitende Neunsilbler strafft und hält die Höhe der Spannung; und die schwer einsetzende, stark markierte Wendung der vierten Zeile mit der Fallbewegung von zwei Daktylen und zwei Trochäen gibt den prägnanten Abschluß. Dies wird die Lieblingsform des späten Britting; sie ist streng und variabel zugleich. Britting spricht einmal von einer »Sturzflut« von Alkäen. Doch in dieser Menge alkäischer Strophen ist auch viel Idyllisches, Spruchhaftes, beruhigte Altersweisheit; auch Harmloses und Entbehrliches. Doch gibt es im Nachlaßband *Der unverstörte Kalender* Stücke, die an das Beste des reifen Britting heranreichen. Etwa »Auf dem Rennplatz«:

Die Pferde rennen, silbern den Hals gefleckt
Vom Schweiß, die Schenkel blutig gespornt. Es tönt
Der Peitschen dumpfer Schlag wie Donner
Über die Rennbahn hin. Eitel glänzen

Der Reiter Hemden, die sich vor Ehrgeiz blähn,
Die seidnen Kappen, purpurn und veilchenblau –
So tanzen auf der Sommerwiese
Prächtig im Winde die Blumenhäupter.

Die weißen Wolken achten des Schauspiels nicht,
Die Menschen wetten, wer wohl den Preis gewinnt –
Doch steht am Ende jeden Eifers
Grämlich ein Wort, das des Siegers spottet.

Die Pferderennbahn als barockes Schauspiel. Auch Britting kommt das Leben vor »wie eine Rennebahn« (Gryphius), wie ein Vanitas-Concours mit der Devise: »Es ist alles eitel«. Und selbst die modernen Reitermützen mit den eigentümlich symbolträchtigen Farben Purpur und Veilchenblau werden Kappen genannt – sind es womöglich Narrenkappen? Was den Vers angeht, sei an Friedrich Beißners Charakterisierung der alkäischen Strophe als eines Tongeschlechts – nämlich als Dur – erinnert. Die alkäische Strophe ist »hell-rasch und stürmend«. Alles freilich, was sich in diesem Gedicht als helle, bunte Bewegung gibt, ist Täuschung: »Doch steht am Ende jeden Eifers / Grämlich ein Wort, das des Siegers spottet.« Britting weiß, was es mit dem Siegen auf sich hat. Er hätte mit Rilke sagen können: »Wer spricht von Siegen. Überstehn ist alles.«

Der späte Britting liebte Maximen; liebte sie zu einer Zeit, als sie manchem jüngeren Autor obsolet erschienen. Wer das Gnomische im Gedicht für unlyrisch hält, der lese jene Gedichte Brittings, die ganz ohne gedankliche Konklusionen auskommen. Eines davon ist das späte Gedicht »Venedig«:

Wie schwarze Schwäne gleiten die Kähne hin.
Rauh tönt der Ruf der Gondoliere. Stumm,
In Öl gesotten, glänzt das Kleinzeug
Starriger Fische im Kupferkessel.

Venedig glüht im sterbenden Gold. Sein Blut
Verströmt ein altes Wappen im Abendrot.
Die Taschenkrebse der Kanäle
Klettern behende am faulen Holze.

Hier haben wir das Gedicht als Kunstding, das selbst starr und gehämmert erscheint wie ein Kupferkessel. Doch vergessen wir nicht die rhythmische Bewegung, das Gleiten, das uns in die zwei Strophen hineinzieht – in die Bewegung der »Kähne«, die sich auf die schwarzen »Schwäne« reimen. Der Tod ist weiter am Werk: im behenden Klettern der Taschenkrebse an den faulen Stützen der Stadt.

Wollen wir dies zweistrophige Gedicht eine Ode nennen? Sind diese hoch symbolischen Notationen von Wirklichkeit antikisch, symbolistisch oder modern? Hätten wir bemerkt, daß wir eine antike Strophe vor uns haben? Das Gedicht zieht sich zurück in sein Geheimnis. So darf ich Brittings Briefsätze, Hölderlin betreffend, ein wenig abwandeln: »Ich dachte, das heißt, ich dachte nichts, nur eben, daß es schön und von Britting sei, und eben sein eigenes, frei erfundenes Maß.«

Der sachliche Romantiker

Erich Kästners Lyrik – wiedergelesen

»Er gewinnt bei jeder neuen Lektüre. Auch die Verse, die man auswendig weiß, überraschen aufs neue, wenn man sie liest. Sie treffen heute wie vor zehn, wie vor vierzig Jahren« – so schrieb Hermann Kesten in der Einleitung zur ersten Gesamtausgabe des Freundes Erich Kästner. Das ist auch schon einige Jahrzehnte her, und ich zitiere diese Sätze nicht bloß, um den verdienstvollen Literaten zu ehren, sondern vor allem deshalb, weil sie eine einfache Wahrheit enthalten, die immer noch gilt oder sagen wir lieber: die sich im Gang der Zeit bewährt hat.

Paul Valéry nämlich hat davon gesprochen, daß wichtige Autoren durch eine Phase der Geringschätzung hindurchmüssen. Wenn ich ihn erwähne, dann hat der Lyriker Kästner das Feierlichste hinter sich: die Weihe durch einen besonders noblen Namen der Hochliteratur. Nicht durchschritten freilich hat er damit das Tal der Verkennung. Oder mit einer griffigen Prägung Marcel Reich-Ranickis: »Er wurde schnell berühmt und nie ganz anerkannt.«

Trotzdem: Kästners Lyrik hat sich erstaunlich gut gehalten. Das ist keineswegs selbstverständlich. Ich bin dessen die letzten Jahrzehnte nicht immer sicher gewesen. Um 1968, als der Gebrauchswert der Lyrik wieder einmal postuliert wurde, war, paradoxerweise, die Geltung von Kästners Lyrik eher gering. Dieses Paradox löste sich so auf: Kästner hatte nicht die rechte Gesinnung; will sagen: die richtige *linke*. Er stand – in den Augen mancher Verächter – zwar links; aber nicht dort, wo die Partei, sondern wo das Herz ist. Und wenn man an so etwas wie Gebrauchslyrik dachte, war es eher der Gebrauch, den Brecht von diesem Genre machte.

Das alles muß hier nicht widerrufen werden. Der intellektuelle Hochmut begreift oft erst spät, daß es in den Künsten Talente gibt, die nicht unbedingt Weltgenies sind, aber trotzdem unverächtlich. Es sind Spezialisten und Virtuosen des Mittleren, Gewöhnlichen, doch die Wonnen, die sie spenden, müssen durchaus nicht gewöhnlich sein. Nur muß man so selbstsichere Sätze vergessen wie Gottfried Benns »Lyrik ist exorbitant oder gar nicht«. Der Lyriker Kästner ist ganz und gar nicht exorbitant und doch unvergessen und zitierbar. Was er über Lessing schrieb, klingt wie pro domo gesprochen:

> Das, was er schrieb, war manchmal Dichtung,
> doch um zu dichten schrieb er nie.
> Es gab kein Ziel. Er fand die Richtung.
> Er war ein Mann und kein Genie.

Kritik als Destruktion

Renaissancen, Rettungen werden einem Autor nicht geschenkt. Einer gerechten Einschätzung steht noch einiges im Wege, womöglich auch Kästner selbst. Und gewiß ein anderer, jener bedeutende Denker und Literat, der ihm den Todesstoß zu geben gedachte und damit fast Erfolg hatte – zum Glück nur fast. Wie ernst diese Metapher zu nehmen ist, zeigt die zehnte seiner dreizehn Thesen über die Technik des Kritikers: »Echte Polemik nimmt ein Buch sich so liebevoll vor, wie ein Kannibale sich einen Säugling zurüstet.«

Es ist natürlich Walter Benjamin, von dem die Rede ist. Als er 1930 Kästners *Ein Mann gibt Auskunft* zu rezensieren hatte, machte er nicht bloß von dieser kannibalischen Maxime Gebrauch, sondern auch von den anderen Freiheiten, die er dem Kritiker zugestand. Nämlich von der ersten, zweiten und elften seiner Thesen, die ich hier bündele: »Der Kritiker ist Stratege im Literaturkampf. – Wer nicht Partei ergreifen kann, der hat zu schweigen. – Kunstbegeisterung ist dem Kritiker fremd. Das Kunstwerk ist in seiner Hand die blanke Waffe in dem Kampfe der Geister.« So verfuhr er auch mit einer enormen Rigidität, die immerhin dazu führte, daß die renommierte *Frankfurter Zeitung* den Abdruck der Besprechung verweigerte. Sie erschien dann drei Monate später in der Zeitschrift *Die Gesellschaft*. Dort dürfte sie, zu Kästners Glück, entschieden weniger bewirkt haben. Doch Benjamin war die Berechnung nicht fremd, daß die Zeit schließlich für ihn arbeiten würde. Was sie zumindest in den siebziger Jahren tat, mit Nachwirkungen bis heute. Nicht unwichtig für diese Wirkung war, daß Benjamin eine andere seiner Maximen beherzigt hatte, nämlich: »Die Kunst des Kritikers in nuce: Schlagworte prägen, ohne die Ideen zu verraten.« So prägte Benjamin ein Schlagwort, das vielleicht wirksamer wurde als die Rezension selbst. Es erscheint im Titel seiner Polemik und lautet *Linke Melancholie*. Dieser Begriff hat sich längst verselbständigt; und manche, die ihn benutzen, dürften gar nicht wissen, daß er sich auf ein Gedichtbuch Erich Kästners bezog. Boshaft könnte man das mit Benjamins eigenen Worten kommentieren: »Schlagworte einer unzulänglichen Kritik verschachern den Gedanken an die Mode.« Hier an eine linke Mode.

Mit solch einer Retourkutsche würde man sich Kästners Rettung zu leicht machen. Benjamins scharfsinniger und suggestiver Verriß verdient immer noch Beachtung und Auseinandersetzung. Was also waren die Vorwürfe?

Der erste Vorwurf lautete auf die Wahrung der »ständischen Belange einer Zwischenschicht – Agenten, Journalisten, Personalchefs«. Der Haß, den Kästners Lyrik gegen das kleine Bürgertum proklamiere, habe selbst einen »kleinbürgerlichen, allzu intimen Einschlag«.

Der zweite Vorwurf glaubt eine routinierte Schwermut zu sehen: »Dieser Dichter ist unzufrieden, ja schwermütig. Seine Schwermut kommt aber aus Routine. Denn Routiniertsein heißt, seine Idiosynkrasien geopfert, die Gabe, sich zu ekeln, preisgegeben haben.« Immerhin rückt Benjamin seinen Gegner in einen Zusammenhang mit Heine.

Der dritte Vorwurf lautete, Kästners Provokationen zeigten eine »groteske Unterschätzung des Gegners«, woran sich zeige, wie sehr »der Posten dieser linksradikalen Intelligenz ein verlorener« sei. Oder als These: »Die linksradikalen Publizisten vom Schlage der Kästner, Mehring oder Tucholsky sind die proletarische Mimikry des zerfallenden Bürgertums.«

Der vierte Vorwurf ist kulturpessimistisch: Die politische Bedeutung dieser Autoren erschöpfe sich in der »Umsetzung revolutionärer Reflexe« in »Gegenstände der Zerstreuung, des Amüsements, die sich dem Konsum zuführen ließen«.

Man hat Benjamins Kritik mit Recht ideologisch verblendet genannt. Sie hat Dinge gefordert, die sie selbst nicht geleistet hat und die von der Literatur her auch nicht zu leisten waren. Zudem ist die Frage, ob Benjamin den heraufkommenden Faschismus eher erkannt und besser bekämpft hat als Kästner und seine linksliberalen Bundesgenossen, noch gar nicht entschieden. Sie soll hier auch offen bleiben, wo es nicht um Benjamin, sondern um Kästner geht. Immerhin darf man festhalten, daß das Bürgertum sich in erstaunlicher Weise restituiert hat, indem es sich reformierte und demokratisierte. Womit für die heutige Betrachtung nicht gar viel übrigbleibt: allenfalls die Argumente gegen das Kleinbürgerliche des Anti-Kleinbürgers Kästner, gegen das Pläsierliche, Kulinarische seiner Ironie. Ich halte es da mit Peter Rühmkorf, der schrieb: »Es ist bei unseren wechselnden Realismen nur leider immer die Frage, wer am Ende die wirklichen Realitäten vertritt: ein medial sich mit seinen Darstellungsgegenständen gemein machender Einfühlungsspezialist wie Erich Kästner oder solche ehernen Idealisten wie Walter Benjamin?«

Das führt mich zu der Frage:

Wie sachlich ist Kästners Neue Sachlichkeit?

Sie ist hart, kühl, polemisch wie in »Jahrgang 1899«; sie ist resignativ und melancholisch wie in der »Sachlichen Romanze«; sie ist verzweifelt sachlich wie in »Kurt Schmidt, statt einer Ballade«; sie ist spruchhaft beschwörend (also verzweifelt unsachlich) in dem Vierzeiler »Was auch geschieht!« – so jedenfalls, wenn man den Eingangsgedichten der vier Lyrikbände folgt, die Kästner während der Weimarer Republik veröffentlichte. Natürlich stehen diese Texte prononciert an dieser Position. Und auch die Schlußtexte sind – bei einem so genau komponierenden Autor – von hoher Aussagekraft: Mit »Stimmen aus dem Massengrab« schließt *Herz auf Taille;* »Selbstmörder halten Asternbuketts« am Ende von *Lärm im Spiegel;* »Das letzte Kapitel« (nämlich die Selbstzerstörung der Menschheit durch Krieg) macht den Beschluß von *Ein Mann gibt Auskunft;* und »Das ohnmächtige Zwiegespräch«, das den *Gesang zwischen den Stühlen* beendet, markiert im Gespräch zwischen dem Chronisten und dem Frager die fatal gewordene Situation.

Man merkt, wie Kästner im Aufbau der Bände das Schlimmste für den Schluß aufspart und auch, wie das Klima sich von Band zu Band verdüstert, indem die »Sachlichkeit« der Darstellung zunehmend durch die Düsternis der Befunde konterkariert wird, so daß der optimistische Elan des Betreibers der kleinen Versfabrik immer weniger zu halten ist. Das allein zeigt, wie hartnäckig der Lyriker Kästner an der Vorstellung festhielt, mit Versen in die gesellschaftliche Wirklichkeit einzugreifen. Auf diese Möglichkeit oder Hoffnung verwies auch sein Programm. Nach ihm ist er bereits angetreten, ehe es prosaisch fixiert vorlag; also in seinem ersten Versbuch *Herz auf Taille;* und es ist ihm so wichtig, es ausdrücklich zu explizieren, daß er es als »Prosaische Zwischenbemerkung« in seinen zweiten Band setzt. Dort heißt es vergleichsweise munter: »Zum Glück gibt es ein oder zwei Dutzend Lyriker – ich hoffe fast, mit dabei zu sein –, die bemüht sind, das Gedicht am Leben zu erhalten. Ihre Verse kann das Publikum lesen und hören, ohne einzuschlafen; denn sie sind seelisch verwendbar. Sie wurden im Umgang mit den Freuden und Schmerzen der Gegenwart notiert; und für jeden, der mit der Gegenwart geschäftlich zu tun hat, sind sie bestimmt. Man hat für diese Art von Gedichten die Bezeichnung ›Gebrauchslyrik‹ erfunden, und die Erfindung beweist, wie selten in der jüngsten Vergangenheit wirkliche Lyrik ist. Denn sonst wäre es jetzt überflüssig, auf ihre Gebrauchsfähigkeit wörtlich hinzudeuten.«

Was da Gebrauchsfähigkeit im konkreten Fall ist, was »seelisch verwendbare« Verse sind, bleibt offen; und die Wendung an diejenigen, die »mit der Gegenwart geschäftlich zu tun haben«, klingt wie erfunden, um Walter Benjamin zu ärgern. Es ist natürlich Ironie; gemischt mit einem Gran Sprachscham, eine Zurücknahme des Pathos, das in der Formulierung von den »Freuden und Schmerzen der Gegenwart« anklang. Programm also mit Augenzwinkern. Kästner rechnet mit dem verständigen Leser, der weiß, daß allein die Gedichte selbst uns etwas über den Gebrauch verraten, den man von ihnen machen kann. Wozu es keines besonderen hermeneutischen Trainings bedarf und kaum spezieller Kenntnis, sondern nur der Fähigkeit zu lesen. *Wie* dieser gewöhnliche Leser (und nicht bloß der Rezensent) seinerzeit Kästners Gedichte gelesen hat, vermag uns die Literatursoziologie nicht zu sagen. Und auch die heutige Lektüre kann den Graben der Zeit nicht einfach überspringen. Sie ist notwendig historisch. Sie bedenkt die zeitliche Distanz, doch sie bliebe eine Sache der Spezialisten, prüfte sie nicht die Aktualität der Texte. Kästners Hoffnung war: »Gedichte altern, ohne daß ihnen auch nur ein Haar ausfällt.« Unsere Frage lautet: Halten Kästners Gedichte heute stand?

Es wäre reizvoll, diesen Test an den Eingangs- und Schlußgedichten von Kästners wohlkomponierten Sammlungen zu machen. Ich halte mich an anderthalb Beispiele. Zunächst das halbe, der Eingang des ersten Buches *Herz auf Taille*.

»Jahrgang 1899« ist ein biographisch wie zeitgeschichtlich zentrales Gedicht; oft gerühmt und mehrfach interpretiert. Reich-Ranicki sagt lapidar: »Es ist – wie einige Jahre vorher Brechts *Vom armen B.B.* und fast vierzig Jahre später der poetische Bericht *Kleckerburg* von Günter Grass – das Gedicht einer ganzen Generation«. Und deshalb ein Rollengedicht, in dem ein Kollektiv spricht. Es spricht in der Rückschau von den Jahren eines verpfuschten Lebens, von Kriegsteilnahme und -leid, von Pubertätswirren und Promiskuität, Revolution, Nachkrieg und Inflation, Hunger und Arbeitslosigkeit. Es läßt im rüden, aggressiven, ja zynischen Ton eine junge und desillusionierte Generation zu Wort kommen, die ihr Leid und auch ihre Leidensfähigkeit unter der Maske von Roheit und Renommage verbirgt. Und noch jemand steckt unter der generationstypischen Maske: der Autor mit seiner Biographie. Vom eigenen Geburtsjahr 1899 her gibt er die Stationen seiner Entwicklung: Schulzeit zu Kriegsbeginn, militärische Schnellausbildung, büroangestelltes Nachtstudententum. Und man fragt sich, ob der Autor auch den Schluß als für sich gesprochen dachte:

> Die Alten behaupten, es würde nun Zeit
> für uns zum Säen und Ernten.
> Noch einen Moment. Bald sind wir bereit!
> Noch einen Moment. Bald ist es so weit!
> Dann zeigen wir euch, was wir lernten!

Auf der Generationsebene hat das etwas von Aggression und Drohung. In Kästners Didaktik ist das ein Stück Zweckpessimismus, der Versuch, seine Leser zu aktivieren, damit es weniger schlimm kommen möge als vorausgesagt. Und autobiographisch? Wer will, mag im impliziten Verzicht aufs »Säen und Ernten« etwas von jenem lebensmäßigen Schock sehen, der Kästners Scheu vor Bindungen auslöste und ihn hinderte, eine Familie zu gründen. Die letzte Zeile freilich hat auch etwas von der auftrumpfenden Geste des jungen Literaten, der Kollegen und Kritikern zeigen will, was eine Harke ist. Die Lektion dazu hatte er gelernt, lebensmäßig und literarisch. Und eben dieser gestische Furor ist es, der Generationstypisches, Autobiographisches und Literarisches so zusammenbringt, daß uns »Jahrgang 1899« noch heute als ein Gedicht erscheint, von dem Brechts, des nicht unbedingt geliebten Kollegen, Satz gilt: »Alle großen Gedichte haben den Wert von Dokumenten.«

Sachliche Romanzen

Gilt das auch für ein noch bekannteres und immer noch ungemein populäres Kästner-Gedicht, das Eröffnungsgedicht von *Lärm im Spiegel*? Es ist vielleicht kein ganz großes, aber ein immer noch anrührendes Gedicht, die

Sachliche Romanze

Als sie einander acht Jahre kannten
(und man darf sagen: sie kannten sich gut),
kam ihre Liebe plötzlich abhanden.
Wie andern Leuten ein Stock oder Hut.

Sie waren traurig, betrugen sich heiter,
versuchten Küsse, als ob nichts sei,
und sahen sich an und wußten nicht weiter.
Da weinte sie schließlich. Und er stand dabei.

Vom Fenster aus konnte man Schiffen winken.
Er sagte, es wäre schon Viertel nach Vier
und Zeit, irgendwo Kaffee zu trinken.
Nebenan übte ein Mensch Klavier.

Sie gingen ins kleinste Café am Ort
und rührten in ihren Tassen.
Am Abend saßen sie immer noch dort.
Sie saßen allein, und sie sprachen kein Wort
und konnten es einfach nicht fassen.

Das Gedicht ist genau das, was der Titel ankündigt: eine sachliche Romanze. Die Romanze ist – wie die Handbücher uns belehren – zunächst eine episch-lyrische Gattung der spanischen Literatur, ein volkstümliches Erzähllied, wie es auch unsere Romantiker inspirierte. Etwa Brentano zu seinen frommen *Romanzen vom Rosenkranz*, Heine zu seinem kritisch-parodistischen *Atta Troll.* Der gewöhnliche Wortgebrauch meint schon in den zwanziger Jahren etwas anderes: die Romanze als spannendes vorübergehendes erotisches Erlebnis. Kastner – und das wird leicht vergessen – »versachlicht« beides: die Romanze als Kunstform wie als Erlebnismodell.

Die erste Strophe gibt die Exposition: das Paar, dem die Liebe nach acht Jahren »abhanden« kommt wie eine Sache. Die erotische Spannung der beiden, die in freier Liebe – damals noch unerhört modern – zusammenleben, ist, wie sich »plötzlich« zeigt, verschwunden. Sie versuchen, wie die zweite Strophe zeigt, diesen Verlust voreinander zu kaschieren; bis zu dem Moment, wo nichts mehr zu verbergen ist. Nun zeigt sich freilich, wie das, heute würden wir sagen »emanzipierte«, Paar einem völlig konventionellen Rollenmuster folgt: Die Frau, noch eher fähig, ein Gefühl auszudrücken, auch wenn's nicht frei von Berechnung sein sollte, weint »schließlich«, um den Prozeß wieder in Gang zu bringen oder den Mann wenigstens zu einer Reaktion; und der Mann, hilflos oder eher ausdrucksunfähig, steht dabei – oder genauer: *stand.* Denn das alles ist ja schon, romanzenmäßig, Vergangenheit, abgeschlossen, nicht mehr zu beleben.

Muß da noch viel erzählt werden? Doch. Denn wenn wir erst vor der Hälfte der Romanze sind: der Abgesang wird uns nicht erspart. Denn erst er vollendet die Versachlichung und ermöglicht die Bilanz. Strophe drei bringt den Blick nach außen, als Fluchtversuch. Man möchte die Zeit totschlagen. Die Zusammenhänge der Welt zerfallen. Der Klavierspielende nebenan parodiert diese Etüden. Rückzug, Regression ist angesagt. Da ist das »kleinste Café am Ort« gerade recht; und die Dehnung der Strophe um eine fünfte Zeile betont die fassungslose und sprachlose Monotonie des Paares, das nur noch den Verlust gemeinsam hat.

Das könnte gar kritisch gedacht sein. Aber wie sachlich ist sie wirklich, diese Romanze, die vom Verlust einer Liebe handelt? Wie sehr zehrt die Versachlichung vom Kapital der Romanze? Wie schnell haben wir uns – womöglich wider Willen – mit den beiden Liebesleuten identifiziert? Und selbst die provinzielle Tristesse, hat sie nicht auch noch Stimmungswert? Und wäre die »Sachliche Romanze« am Ende sogar ein bißchen sentimental?

Hier verstehen wir, warum Peter Rühmkorf Kästner den »Einfühlungsspezialisten« der Neuen Sachlichkeit nennt; und seine Charakteristik dieser Fähigkeit läßt sich auch auf unsere Romanze beziehen. Rühmkorf sagt: »Statt besserwisserisch zu entlarven, läßt Kästner uns fühlen, wie sich eine Entfremdungslarve von innen anfühlt, was mir dann freilich weniger mit Sentimentalität als mit einem Äußersten an subjektiver Glaubwürdigkeit zu tun hat.«

Kästners »Sachliche Romanze« ist zu Recht so populär; und das dürfte – ob sich unsere erotischen Muster verändert haben oder nicht – nicht zuletzt mit dieser Einfühlungstechnik zu tun haben. Es ist eine Mimikry der Sympathie, ja der Liebe. Kästners Verachtung, Kästners Haß gilt anderen Gegenständen.

Ich gestatte mir einen kleinen Exkurs, der die anhaltende Attraktivität von Kästners erotischer Thematik andeuten soll – einen Hinweis auf einen Kästner unserer Tage, einen Blick auf Robert Gernhardts Gedichtbuch *Körper in Cafés.* Der Buchtitel klingt von fern an Kästner an, im Band selbst gibt es Titel à la Kästner wie »Revision im Spiegel«, »Duett im Bett«, »Zwei Tische weiter«, »Zwei erinnern sich« und eben das Titelgedicht:

Körper in Cafés

Körper in Cafés verstehn es,
nicht zu sagen, was sie meinen.
Trinken cool aus großen Gläsern,
statt vollrohr in sie zu weinen,

Haben kein Problem mit Gesten,
da sie quasi null bedeuten:
Sich umarmen geht ganz easy,
man umarmt sich ja vor Leuten.

Aber dann in den vier Wänden
müssen Körper Flagge zeigen.
Voll hängt er in ihren Sielen
und die Hölle voller Geigen.

Ist das nicht eine Fortschreibung von Kästners Gedicht, vielleicht sogar eine Kontrafaktur? »Sachlichkeit« ist auch hier das Thema, nicht die neue, sondern die vorläufig allerneueste einer Generation, die sich »cool« findet, ohne mit ihrer »coolness« zu Rande zu kommen. Die neueste Sachlichkeit reduziert das kleinbürgerliche Paar auf Körperlichkeit. Die sprachliche Unfähigkeit von anno '29 schlägt anno '87 um in die fragwürdige Kompetenz, das Gefühl perfekt zu unterdrücken. Niemand rührt mehr ratlos in seinen Tassen, man führt das Klischee weltläufiger Unbeeindruckbarkeit vor. Wie deutlich Kästners Gedicht Bezugspunkt ist, zeigt die zweite Strophe. Die »Körper« »haben kein Problem mit Gesten, / da sie quasi null bedeuten«. Wenn man sich zu Kästner zurückwendet, geht einem auf, wie rührend sein kleinbürgerliches Paar mit dem wenn auch schmalen Repertoire seiner Gesten umgeht, fast möchte man sagen wie ausdrucksvoll: »Sie waren traurig, betrugen sich heiter, / versuchten Küsse, als ob nichts sei, / und sahen sich an und wußten nicht weiter. / Da weinte sie schließlich. Und er stand dabei.«

Gernhardts Reduktionsformen von Menschen kennen nur die routiniert inszenierte Intimität, die verbergen soll, daß erotische oder nur mitmenschliche Berührung gar nicht mehr stattfindet. Die dritte Strophe läßt ihnen nur den sexuellen Vollzug, der eher einer Turnübung ähnelt als einer Liebesnacht. Die »Sache« Liebe, die Kästners Liebesleuten abhanden kam »wie andern Leuten ein Stock oder Hut«, scheint wirklich endgültig verlorengegangen zu sein.

Einfühlungsspezialisten sind sie beide: Kästner wie Gernhardt. Frappierend ist, wie sie beide die jeweilige zeitgenössische Stufe der sexuellen Emanzipation zu definieren wissen und sich zugleich an ein Publikum wenden, dem sie die Fähigkeit zutrauen, den Stand dieser Emanzipation mit Distanz zu betrachten – was Anteilnahme und kritischen Genuß nicht ausschließt. Beruhigend ist nämlich, daß wir alle noch einen Sinn haben für das Liebespaar der »Sachlichen Romanze« – augenscheinlich trifft Kästner immer noch den Nerv unserer erotischen Bedürfnisse. Was just sein Nachfolger beweist.

Wie sachlich also ist Kästners Neue Sachlichkeit? Sie ist zutiefst romantisch. Was Walter Benjamin als routinierte Schwermut denunzierte, hat romantische Herkunft. Der Germanist Gerhard Seidel hat das richtig gesehen: »Die Poetisierung der Wirklichkeit, wie sie Kästner – vorwiegend durch seine Lyrik – für das Bewußtsein großer Leserschichten geleistet hat, ist ein zutiefst romantisches Element im Werk dieses deutschen Nachaufklärers.« Und weiter heißt es von Kästners Lyrik als dem Derivat der Romantik: »Melancholie als die seelische Reaktion eines Moralisten auf eine inhumane, von ihm unverstandene Welt durchzieht die Liebesgedichte Kästners, die beinah ausnahmslos Leidensgedichte sind.«

Nun tut ein Romantiker, der sich sachlich geben möchte, gut daran, sich zu maskieren; und das ist Kästner nicht nur immer bewußt gewesen, er hat es auch ausgesprochen, am deutlichsten in seinem kleinen Aufsatz »Indirekte Lyrik« von 1928. Dort heißt es: »Die heutige moderne Lyrik ist eine Lyrik der Umwege. Sie ist – indirekte Lyrik. (...) Der Lyriker spielt nur auf seine Gefühle an; er spricht sie nicht aus. Er verspottet sie eher, als sie unbedenklich zu beichten. Wenn seine Verse am sachlichsten klingen, gerade dann birgt sich dahinter Erschütterung. (...) Wer sich maskiert, will nicht erkannt werden. Es ist ihm weniger peinlich, für frech und gelegentlich albern, als für zart und traurig gehalten zu werden.«

Eine der wirksamsten und schließlich doch durchsichtigsten Maskierungen unserer Gefühlsbedürfnisse ist die Zuwendung zur Natur. Liebeslyrik und Naturlyrik gehen oft ineinander über. Natureingang und Naturszene öffnen den Spielplatz Liebe. Und selbst der Blick auf Landschaft und Natur kann das Vermißte, die Liebe, als Fehlendes erweisen. Schaut man näher hin, gehört auch der Stadtmensch Kästner, der Zivilisationskritiker, der politische Chronist zu jenen Lyrikern, die ohne den Bezug zur Natur nicht auskommen. Zahlreich die Titel, die das bezeugen: »Ein Baum läßt grüßen«, »Besagter Lenz ist da«, »Herr im Herbst«, »Jardin du Luxembourg«, »Prima Wetter«, »Maskenball im Hochgebirge«, »Weihnachtsfest im Freien«, »Frühling auf Vorschuß«, »Herbst auf der ganzen Linie«, »Nasser November«, »Das Mandelbäumchen«, »Die Fuchsien«, »Die Wälder schweigen«, »Der Lenz verschiebt seine Premiere« usw. Die Skala von Kästners Naturvorstellung ist beträchtlich. Sie reicht von der Emphase »Dieser Park liegt dicht beim Paradies« (»Jardin du Luxembourg«) bis zu der bitter-sarkastischen Vorstellung, daß der Natur die Geduld reißen konne angesichts der Menschen. In »Maskenball im Hochgebirge« heißt eine Strophe: »Das Gebirge machte böse Miene, / Das Gebirge wollte seine Ruh. / Und mit einer mittleren Lawine / deckte es die blöde Bande zu.« Es ist die Spanne zwischen Idyllik und Satire. Ohne die Menschen wäre für Kästner die Welt intakt. Kästners Anthropologie versteht sich, wortspielend, als *Misanthropologie.* Im Gedicht dieses Titels erscheint »diese Menschheit« zuletzt – in fast bestürzender Aktualität – als »eine Hautkrankheit des Erdenballs«.

Kein Zweifel, daß in fast allen diesen Gedichten die Natur im Kontext der Gesellschaft und ihrer Probleme gesehen wird, nie also als sie selbst, als eigene Macht, weder als *natura naturans* noch als *natura naturata*, weder als schaffende noch als geschaffene Natur. Kästner, um es mit Brecht zu sagen, sah die Natur ohne Geduld.

Er hat daher nichts zu tun mit den Dichtern des »Grünen Gottes«, mit den Naturmagiern Oskar Loerke, Wilhelm Lehmann oder Elisabeth Langgässer. Doch gibt es unter den Gedichten, die Kästner selbst aus seiner Gesamtausgabe ausschloß, das ein- oder andere, das ungenutzte, nicht weiter verfolgte Möglichkeiten seines Talents zeigt. Mein Beispiel stammt aus den *Montagsgedichten*, aus einer Serie von Gedichten, die Kästner regelmäßig, das heißt in Auftrag, zwischen Juni 1928 und April 1930 für den *Montag Morgen* geschrieben hat. Einen Teil hat er in die Gedichtbücher jener Zeit übernommen, einen anderen – aus Qualitätsgründen – aber nicht. Unter diesen Auftrags- und Gelegenheitsgedichten finden sich naturgemäß viele Verse, deren Aktualität verblaßte, auch bloße Tagesware, aber eben auch einige Stücke, die diesen anderen Kästner ahnen lassen.

Ein solches Gedicht ist »Herbst, vom Zug aus«. Die Eingangsstrophen sind präziseste Neue Sachlichkeit, akkurate Beobachtung alltäglicher Realität:

Breslau. Dann Glogau. Richtung Berlin.
Es tut mal gut, aus dem Fenster zu schaun.
Neusalz. Die Oder. Ein Kornmagazin.
Ein Damm. Eine Mühle. Die Felder sind braun.

Mäßiger Regen. Der Wald ist blaß.
Grünberg. Hier baut man immer noch Wein?
Waggons voll Kartoffeln. Die Wege sind naß.
Fahrkarten, bitte! Ein Herr schläft ein.

Kinder winken. Die Schule ist aus.
Ein Tennisplätzchen. Rüben. Kraut.
Drei Kühe. Ein abgebranntes Haus.
Ein kleiner See hat Gänsehaut.

In seinem Mittelteil zeigt das Gedicht die obligaten zivilisationskritischen Elemente und die Einsprengsel von Tagesaktualität wie die Nachricht von einem Autounglück und die Zeitungsnachricht von den Experimenten eines Münchner »Goldmachers«, der übrigens den schönen Namen Franz Tausend trug und wegen Betruges verurteilt wurde.

Das Gedicht, obwohl Kästner es nicht in seine Gesamtausgabe übernommen hat, steht nicht unwürdig in der Tradition dessen, was man Eisenbahn-Lyrik nennen könnte und wovon Benns »D-Zug« und Stadlers »Fahrt über die Kölner Rheinbrücke bei Nacht« zwei Glanzstücke sind. Wir erinnern uns an die Eingänge. Bei Ernst Stadler heißt es: »Der Schnellzug tastet sich und stößt die Dunkelheit entlang. / Kein Stern will vor. Die ganze Welt ist nur ein enger, nachtumschienter Minengang.« Gottfried Benn beginnt: »Braun wie Kognak. Braun wie Laub. Rotbraun. Malaiengelb. / D-Zug Berlin-Trelleborg und die Ostseebäder.« Der hochgespannten Expressivität von Stadler und Benn setzt Kästner seine Nüchternheit, eine wahrhaft Neue Sachlichkeit entgegen. Es ist die Sachlichkeit des distanzierten, etwas ermüdeten, aber immer noch aufnahmefähigen registrierenden Beobachters, der seine Wahrnehmungen quasi unzensiert in ein Notizbuch schreibt. Keine emotionalen Wallungswerte wie bei Benn, keine erotischen Visionen à la »Männerbraun stürzt sich auf Frauenbraun«, keine artistische Braungelb-Skala: »Braun wie Kognak. Braun wie Laub. Rotbraun. Malaiengelb.« Dagegen nur die vorüberziehenden Dinge, die der etwas strapazierte Zeitgenosse mit einem gewissen Behagen passieren läßt. Und, was Farben und Sinnlichkeiten angeht, die einfachsten Wahrnehmungen: »Die Felder sind braun. // Mäßiger Regen. Der Wald ist blaß.« Wo die Formulierung »mäßiger Regen« im Gedicht möglich ist, läßt sich die Versachlichung kaum weitertreiben. Kästner hat es offenbar auch nicht gewollt. Bloße Normalität, nüchterne Notation der Befunde – das war nicht sein innerstes Interesse. Er suchte Zuspitzung und Analyse, Satire und Sentiment, ihn interessierten die Liebe und die Gesellschaft; er wollte sich einmischen und hat das in fast allen seinen Gedichten auch getan. Aber er hätte auch andere Möglichkeiten gehabt. Eine davon blitzt in »Herbst, vom Zug aus« auf.

Unser Beispiel führt uns auf das zurück, was Kästner im Grund seines Wesens war und sein wollte: ein Moralist. Einer, der die Menschheit nicht unbedingt liebte, doch sich um sie sorgte. Vielleicht auch dies eine verkappte Form der Liebe. In jedem Fall ein Pragmatiker der Moral, der seine Maxime in »Kurz und bündig« auf die knappste Formel brachte:

Moral

Es gibt nichts Gutes
außer: Man tut es.

Dolf Sternberger hat diesem »Meisterwerkchen« eine schöne Interpretation gewidmet. Darin rückt er es in die Nähe der »Philosophie im gewichtigen deutschen Sinne des Wortes«, in die Nähe Kants und dessen Begriff der praktischen Vernunft: »Das ist dasselbe Paradox, bei Kant wie bei Kästner, bei Kästner wie bei Kant. Da ist eine Art von Vernunft, die sich einzig durch die Tat erweist; als eine Tatsache, ein Sein oder Wesen ist sie in der Welt nicht anzutreffen, es ›gibt‹ sie nicht. ›Außer man tut es‹.« Wenn es noch eines Beweises für die andauernde Aktualität des Poeten und Moralisten bedurft hätte, hier ist er.

Wandloser Raum
Der Lyriker Ernst Meister

Die Gestalt des Dichters

Die *Gestalt des Dichters* – das klingt heute wie ein Ausdruck aus einer längst versunkenen Zeit. In den fünfziger Jahren des vorigen Jahrhunderts, als ich Student war, hatte der Begriff noch einen emphatischen, ja fast feierlichen Ton. Wenn man einen Dichter, eine Dichterin gelesen hatte, sprach man gern von einer *Begegnung*; und respektvoll erwähnte man Personen, die einen Dichter persönlich kannten. Einen Literaturbetrieb im heutigen Sinne, mit seinem Großangebot an Lesungen und Symposien, gab es noch gar nicht und folglich auch keine »Dichter zum Anfassen«. Das muß ich vorausschicken, wenn ich sage: Ernst Meister war der erste lebende Dichter, den ich kennenlernte.

Alle großen Dichter, die ich damals las, lebten nicht mehr; auch nicht die Großen der Moderne – mit der Ausnahme von Benn und Brecht. Ich hätte es aber nicht gewagt, Gottfried Benn eine Ansichtskarte zu schicken, wie dieser sie in seiner Jugend dem verehrten Liliencron geschrieben hatte. Und Bertolt Brecht (von allem andern abgesehen, was Intimität ausschloß) lebte in Ost-Berlin und galt als Kommunist, das sicherte die Distanz. Die damals »jungen Lyriker« wie Karl Krolow, Paul Celan oder der heute vergessene Heinz Piontek waren Autoren in ihren Dreißigern und Vierzigern; also direkte Gegenwart. Man las sie enthusiastisch oder kritisch als Zeitgenossen, die vielleicht einmal große Dichter sein würden. Auch sie belästigte man nicht.

Daß ich Ernst Meister kennenlernte, war Zufall. Ich besuchte in Münster die Seminare von Clemens Heselhaus, der sich als einer der wenigen damaligen Germanisten für die Moderne und speziell die moderne Lyrik interessierte. In seiner Vorlesung über die Lyrik zwischen Nietzsche und Brecht erwähnte er von den jüngeren Autoren Ingeborg Bachmann, Paul Celan und – eben Ernst Meister. In seinem Oberseminar war Meister der Gegenstand etlicher Sitzungen; und mehr als der Terminus »negative Symbolik«, den Heselhaus zur Deutung dieses Dichters vorschlug, faszinierte mich die poetische Evidenz von Gedichten wie »Schiffsuntergang«, »Zerstreuung eines Fisches« oder »Fermate«.

Eines Tages im Spätwinter '59 oder '60 lud Heselhaus uns Seminarteilnehmer zu sich nach Haus – mit dem Bemerken, auch Ernst Meister werde zugegen sein. Es war übrigens Fastnachtsmontag oder -dienstag, doch faschingsmäßig ging es nicht zu. Ich sehe aber noch, wie der angekündigte Lyriker die Treppe zu dem Wohnraum hinunterkam, in dem wir versammelt waren. Ich hatte mir schon angewöhnt, mir die modernen Dichter nicht mehr feierlich wie Stefan George vorzustellen, sondern als U-Bahnfahrende Büromenschen mit Aktentasche – nach dem Bilde T. S. Eliots. In Münster gab es keine U-Bahn, aber nun – weder George noch Eliot – diesen schlanken, etwas gebeugt gehenden Mann mit dem nächtigen Gedicht – ein *vates*, wie mir vorkam, ein moderner Seher; alt, wie mir schien, über seine Jahre hinaus. Ernst Meister war damals Achtundvierzig. So also konnte ein Dichter aussehen. Denn – daran gab es für mich keinen Zweifel – Ernst Meister war nicht bloß ein Lyriker: er war ein Dichter. Der erste lebende Dichter, den ich kennenlernte. Wir – ein ebenfalls dichtender Freund und ich – saßen ihm buchstäblich zu Füßen und bekundeten dadurch unsere Verehrung. Ich erinnere mich noch, daß Else Meister uns später aus der Hand las. Ein gutes Omen, wie mir schien.

Damals, Ende der fünfziger Jahre, war Ernst Meister außerhalb Westfalens noch fast unbekannt. Und selbst in Westfalen datierte seine Bekanntheit – seine Fama, möchte ich sagen – erst recht kurz. Sie datierte seit dem sogenannten Schmallenberger Dichterstreit von 1956. Einem Provinzskandal, der aber bezeichnend war für das kulturelle Klima der Bundesrepublik und nicht bloß Westfalens. Dieser Dichterstreit hatte die westfälischen Autoren polarisiert. Es ging um die Frage, ob es eine genuin westfälische Literatur gebe. Heselhaus hatte in seiner Rede gesagt, weder bei Grabbe, Freiligrath, Friedrich Wilhelm Weber noch der Droste sei etwas Westfälisches auszumachen und das Westfälische überhaupt sei eine Mystifikation. Im Folgejahr 1957 erhielt – gegen Kandidaten wie Anton Aulke und Gottfried Hasenkamp – der auch in Westfalen noch fast unbekannte Ernst Meister den Droste-Preis; und das wurde als Provokation der traditionell-westfälischen Autoren betrachtet. Erwin Sylvanus, einer von Meisters Fürsprechern, hatte ihn – erstaunlich weitsichtig – »rangmäßig neben Benn und Lehmann« gestellt. Dabei hatte Meister damals nur fünf schmale Lyrikheftchen in der Eremitenpresse vorzuweisen, dazu das Bändchen *... und Ararat,* das freilich bei Limes erschienen war – und das war der Verlag Gottfried Benns.

Die Entscheidung für Meister war damals umstritten. Bei der Preisverleihung auf dem Westfalentag verteilte ein Dortmunder Hauptlehrer ein polemisches Faltblatt, darin Meisters Gedicht »Utopische Fahrt« als »Blödsinn in Reinkultur« diffamiert wurde. In der Presse, vor allem im *Westfalenspiegel*, wurde eine heftige Leserbrief-Diskussion ausgetragen. Der Dichter selbst blieb erstaunlich gelassen und bat diejenigen, die ihn nicht verstünden, um Geduld: »Hat man diese erst einmal davon überzeugt, daß es sich nicht um Willkür und Phantasterei handelt, sondern darum, die Sprache auf Prinzipien abzustimmen, die die Wirklichkeit nicht verstellen, so würde man wohl ein gutes Stück vorwärts mit ihnen reisen.« Das war eine Anspielung auch auf das inkriminierte Gedicht »Utopische Fahrt«. Dessen Schluß lautete:

Madame muß fahren,
fahren –
zu den Lenden des Zeus
ist es weit.

Der lange Weg zum Ruhm

Ernst Meister wurde am 3. September 1911 in Hagen-Haspe als Sohn eines Fabrikanten geboren. Nach einer behüteten Kindheit im noch ländlichen Haspe nahm er – wohl auf Wunsch seines Vaters – in Marburg das Studium der Evangelischen Theologie auf. Schon bald hörte er Philosophie, Germanistik und Kunstgeschichte. Doch »ich, ich bezweifelte längst, daß es ihn (Gott) gab.« Im Wintersemester 1931/32 ging Meister, der zu schreiben angefangenen hatte, nach Berlin und verkehrte dort im Romanischen Café und in den Literatenkreisen um Klaus Mann. Er verfaßte damals ein Romanfragment, »sowie ein Drama von unziemlicher Länge«, vor allem aber jene Gedichte, die 1932 im Verlag der Marburger Flugblätter unter dem Titel *Ausstellung* erschienen.

Sie hätten der Anfang einer literarischen Karriere sein können. Klaus Mann rühmte am 3. Juli 1932 brieflich Meisters »sehr starkes und eigenwilliges Talent«. Das Etikett des Kritikers der *Vossischen Zeitung*, die Lyrik von *Ausstellung* sei »eine Art Kandinsky-Lyrik«, war gewiß gut gemeint, doch schon bald keine Empfehlung mehr. Der Verlag schickte dem Autor die kaum verkaufte Auflage zurück, und Else Koch, Meisters spätere Frau, rettete einige Bände aus dem Müll.

Der Autor resignierte und gab das Veröffentlichen für fast zwei Jahrzehnte auf. Mehr noch, schlimmer noch: Er fühlte sich »wie die Weimarer Verfassung faktisch zu nichts geworden in Gestalt dessen, was der Arzt eine Erschöpfung nennt«. Diese schwere psychosomatische Krise hatte deutliche Ursachen. Der Philosoph Karl Löwith, bei dem Meister hatte promovieren wollen, verließ Deutschland, und so wurde nichts aus der geplanten Dissertation über die marine Metaphorik bei Nietzsche. Meister wechselte 1935 an die Frankfurter Universität und heiratete. In der *Frankfurter Zeitung* ließ er noch drei kleine Prosastücke erscheinen, darunter das ungemein starke Prosastück »Die Wespen«, das an manche Situationen in den Erzählungen Kafkas erinnert (die Meister freilich noch gar nicht gekannt haben dürfte). Einmal heißt es: »Eine Atmosphäre war so entstanden wie in einem erleuchteten dunstigen Aquarium. Und wie hier schienen sich die Gegenstände dem Auge vergrößert darzubieten, eine verstärkte Sprache ging von ihnen aus. (Am besten nahte man sich ihnen mit der Behutsamkeit eines Tauchers auf dem Grunde –).« Der Blick auf die Dinge und die Reflexion über eine »verstärkte Sprache« erinnern an Jüngers Aufzeichnungen *Das abenteuerliche Herz*. Eben eine solche Sprache, die mit kritischen Allegorien arbeitet, wurde in deutschen Feuilletons zunehmend unpublizierbar.

Ernst Meister schrieb aber weiter Gedichte. Er, der modernistisch-expressiv begonnen hatte, folgte nun mehr und mehr traditionellen Mustern; und damit einer Entwicklung, die in der deutschen Lyrik schon um 1930 eingesetzt hatte. Dabei unterläuft ihm viel Konventionelles, gelingen aber auch einige schöne Stücke. So das um 1933 geschriebene »Melancholie« mit seinem skeptischen Einsatz:

Wenn dieser Stern einst erkaltet,
Freunde, wie fern, wie veraltet
treiben Gedichte, Geschichten! (...)

Auch rein lebensmäßig ließ sich für Meister eine literarische Existenz nicht länger durchhalten. Kurz vor Kriegsausbruch zitierte Vater Meister den immer noch studierenden Sohn nach Hagen zurück und ließ ihn in der Fabrik Schreibarbeiten verrichten und den Park hinter der Fabrik instand halten. Im März 1940 wurde Meister zur Eisenbahnartillerie einberufen, erlitt einen Unfall und wurde wegen Wehruntauglichkeit nach Hagen entlassen. 1942 erneut einberufen, war er in Rußland eingesetzt und in Frankreich und Italien stationiert. In der Gefangenschaft, etwa im amerikanischen Camp bei Rimini, trat Meister in der Theatergruppe unter anderem als der blinde Seher Teiresias auf. Auch wurde dort aus seinen in Italien entstandenen Gedichten gelesen. Im Herbst 1945 kehrte Meister aus Italien zurück und fand seine Familie unversehrt. Er nahm wieder die Arbeit in der väterlichen Fabrik auf, auch das Schreiben natürlich, und versuchte neue literarische Beziehungen anzuknüpfen. Diesem Versuch dienten die sechs Folgen der *Mitteilungen für Freunde*, die Meister auf Anregung seiner Frau drucken und verschicken ließ – ohne besondere Reaktion, wie sich denken läßt. So war die Isolation nicht aufzuheben.

Doch Ernst Meister hielt an der Poesie fest. Seinem Traum folgen, usque ad finem – hat Gottfried Benn einmal als die Maxime des Lyrikers formuliert; und Johannes Bobrowski, selbst lange Jahre erfolglos, hat in einem seiner Gedichte vom »kleinen Ruhm« geträumt, der ihn treffen werde. Auch Meister träumte vom Ruhm – fast verzweiflungsvoll, mit sarkastischer Ironie. Im Nachlaß fand sich das Gedicht »Unfreiwilligkeiten«, das vermutlich um 1952 entstand. Es erzählt von einer

Figur in einem »lehmfarbenen verbrauchten Anzug« und »einem Gesicht, das zu oft untergetaucht wurde«. Wir glauben darin den Dichter selbst wiederzuerkennen. Diese armselige Gestalt träumt:

> Der Ruhm wird kommen, er kommt, der Ruhm, allzu gewiß,
> er ist ihm geweissagt; er wird eine Last sein, die man jedoch tragen muß (...)

Liest man weiter, geht einem die Bitterkeit dieser Phantasie auf. Von einer Beisetzung in einer Kathedrale ist die Rede, vom Rauch, der aus marmornem Grabe quillt, von »Kulturnachrichten, darunter Preisverleihungen, vornehmlich aber Nachrufe auf den verewigten Meister«. Es ist eben besonders bitter, wenn man als unbekannter Poet »Meister« heißt. Da hilft nur Gegenzauber, und so zaubert das lyrische Ich aus dem Knopfloch seines fleckigen linken Rockaufschlags »einen Rosenstrauch, der köstlich duftet und wie Glas zerspringt«.

Das Blatt dieser scheinbar aussichtslosen poetischen Karriere begann sich erst in den fünfziger Jahren zu wenden. Zwar scheiterte Meisters Versuch, in Heidelberg bei seinen alten Lehrern Löwith und Gadamer das Studium wiederaufzunehmen und das Projekt der Nietzsche-Dissertation abzuschließen, und der abgebrochene Student mußte in die Hagener Angestelltenexistenz zurück. Aber Heidelberg hatte doch etwas anderes gebracht: literarische Beziehungen. So die Bekanntschaft mit Hans Bender, der damals die *Konturen* herausgab, später die *Akzente*.

Durch Benders Vermittlung verlegte V. O. Stomps in seiner Eremitenpresse jene Bände, die nun sukzessive den Blick der literarischen Öffentlichkeit auf diesen – wie es scheinen mochte – karriereresistenten Dichter lenkten: zunächst die Bände *Unterm schwarzen Schafspelz* (1953) und *Dem Spiegelkabinett gegenüber* (1954). In der Anthologie *Deutsche Gedichte der Gegenwart*, 1954 in einer Erstauflage von 10000 Stück erschienen, las ich zum erstenmal ein Gedicht Ernst Meisters, das einzige freilich, mit dem der Autor vertreten war: »Fabelei«, mit dem Refrain »Arme Baumeister wir ...«.

Wir sind in den Tag gegangen
und haben den Wald erbaut,
den Fluß angefangen
und offen durchs Fenster geschaut

Arme Baumeister wir ... (...)

Clemes Heselhaus vor allem war es, der Meister eigentlich den Weg bereitete. Der Limes Verlag brachte in rascher Folge Meisters Gedichtbände. Luchterhand folgte und eröffnete die Fortsetzung der Meisterschen Publikationen mit dem großen Sammelband *Gedichte 1932-64* (1964). Walter Jens rühmte den Dichter in einem großen ZEIT-Artikel, und Helmut Lamprecht prägte die einprägsam-handliche Formel »Reflexion und Gesang«. Das war der Durchbruch. Von nun an wurde der Hermetiker aus dem westfälischen Hagen an die Seite von Ingeborg Bachmann, Paul Celan und Nelly Sachs gerückt. Es war ein später und prekärer Ruhm. Ein Ruhm für die immer recht schmale Leserschaft von Lyrik. Der Ruhm eines öffentlichkeitsscheuen Dichters, dem keine Prominenz, kein Skandal aufhalf. Immerhin kamen nun die Preise: 1963 der Große Kunstpreis des Landes Nordrhein-Westfalen, 1976 der Petrarca-Preis, 1977 der Rilke-Preis. Die Dankrede für den bedeutendsten, den Büchner-Preis, konnte der Dichter nicht mehr schreiben. Er starb am 15. Juni 1979 in seiner Heimatstadt.

Wie im Gedicht vorausgesagt, gab es nun die respektvollen »Nachrufe auf den verehrten Meister«. Sie paraphrasierten Lessings Satz über Klopstock, wonach der Dichter weniger erhoben und mehr gelesen werden sollte. Das Nachleben – man darf sagen *Nachlesen* – der Dichter ist immer auch eine Verlagsfrage. Nachdem Luchterhand nach Meisters Tod offenbar die Lust verloren hatte, einen nicht eben marktgängigen Autor weiter zu pflegen, gebührt dem Rimbaud-Verlag das Verdienst, das Werk Ernst Meisters präsent gehalten und auch das Verstreute und Nachgelassene gesammelt zu haben. So bleibt Ernst Meister bis heute ein Dichter »spät in der Zeit«:

Spät in der Zeit
wirst du sagen,

du seist
ein Mensch gewesen.

Du sagst es nicht,
kannst es nicht sagen –
du sagst es jetzt.

Ernst Meister lesen

Wie schwer ist Meister zu lesen? Durchaus nicht so schwer, wie die Fama vom hermetischen Dichter aus Hagen behauptet. Paul Celan, gewiß ein schwieriger Dichter, hat einmal empfohlen, immer wieder, immerzu zu lesen, dann komme das Verständnis von selbst. Das gilt auch für Ernst Meister. Zudem kommen einige Hilfen und Winke aus der Biographie, andere vom Dichter selbst.

Eines scheint bei allem sicher: Die Poesie Ernst Meisters stammt aus dem Zweifel, nicht aus der Sicherheit. Darin ist sie völlig modern. Beda Allemann hat einmal sehr bündig bemerkt: »In harmlosen Zeitläuften würde man Ernst Meister (...) vielleicht als einen Gottsucher bezeichnet haben.« Hätte er seinen Gotteszweifel bezwungen und wäre Theologe geworden, wir hätten seine Lyrik nicht. Sie ist – nach seinem eigenen Wort – ein »negativer Advent«. Der Dichter hat uns – spät, in einem poetologischen Selbstzeugnis von 1971 – den Schlüssel geliefert: »Ich selbst, der, ohne klassische Aufforderung, in dem Erstaunen lebte, daß überhaupt etwas sei und nicht nichts, fürchtete mehr als Veränderung: daß plötzlich das Universum stillstand oder gar verschwand, mit samt meiner noch nicht einmal mündig gewordenen Person. War ich neurotisch? Ich fühlte mich in einem spannungsvollen negativen Advent.«

»Monolog der Menschen«, das erste Gedicht von *Ausstellung*, formuliert diesen negativen Advent wie eine Urangst:

Wir sind die Welt gewöhnt.
Wir haben die Welt lieb wie uns.
Würde Welt plötzlich anders,
wir weinten.

Im Nichts hausen die Fragen.
Im Nichts sind die Pupillen groß.

Wenn nichts wäre,
o wir schliefen jetzt nicht,
und der kommende Traum
sänke zu Tode unter blöden Riesenstein.

Staunenkönnen – das ist eine Eigenschaft der Dichter, die sie aus der Kindheit herübergerettet haben. Auch Meister hat sich das Staunen bewahrt, das nach den alten Griechen Anfang aller Philosophie ist. Mehr: er hat es über die Furcht vor dem plötzlichen Stillstand des Universums hinaus gerettet. In einem nachgelassenen Gedicht von etwa 1959 findet sich das lyrische Ich »lange / bei des Flusses Rauschen, // mich wieder wundernd, / daß es Wasser gibt«.

Freilich sind es eher melancholische, ja düstere Töne, die von Anfang an die Poesie Ernst Meisters akzentuieren. Nicht wenige davon sind literarischen Einflüssen geschuldet; etwa Arthur Rimbaud und Gottfried Benn. »Schiffsuntergang« etwa liest sich als kleine Variation auf Rimbauds »Trunkenes Schiff« und auf gewisse Gedichte Georg Heyms:

Dem trunkenen Kuß beugte der Bug langsam sich zu.

Den bunten Wassern schliefen ruhig die weitgereisten
Träume in den Schoß.
Die dunklen Wasserspannen spannen der strudelnden
Kurven Fall.
Gesang hinauf und hinab war den staunend Ertrinkenden
die einzige Qual.
Der Schrein des Blaus dämmerte ihnen nicht.
Es war so geduldig der Grund. Er hütete oben das Licht.

Aber auch die Lektüre Gottfried Benns, dem Meister später ein paar schöne Epitaphe widmen wird, hinterläßt in seiner frühen Lyrik gelegentlich Spuren: »Der Negeroffizier / hat rasch für eine blonde Frau / den blauen Schmuck gewählt«. Das sind Zeilen wie aus *Morgue*. Meister hat das Epigonale daran gespürt und das Gedicht nicht veröffentlicht.

Das Eigene seiner frühen Lyrik zeigt vielleicht am schönsten »Zerstreuung eines Fisches«. Ein Gedicht, das bei aller Konkretheit zugleich eine hoch ironische Symbolik entfaltet:

Ja, das ist Chaos: als ein Fisch
zum Mahl erscheinen auf dem Tisch.
Das Auge winkt den andern Seelen überbrüht.

Vorhin noch heil und blinkend von Geblüt,
liegst du nun dar dem essenden Gemüt,
beschaut, entziffert und beschätzt.

Und warst du schon zerschnitten und zerschlitzt,
teilt sich der Kreis in dich, der dich umsitzt.
Die Gräte bleibt und Fetzen, der nicht letzt.

Und endlich noch zerfällst auch du, du Rest.
Wo irrst du hin, da alles dich entläßt? –
Vom Topfe kratzt die Köchin fort den Leim der Haut.

Meister hat das um 1935 geschriebene Gedicht erst 1954 in dem Bändchen *Dem Spiegelkabinett gegenüber* veröffentlicht. Clemens Heselhaus verweist in seinem Buch *Deutsche Lyrik der Moderne* (1961) auf das Exemplarische dieses Gedichts: »Der Fisch ist seit alters ein Symbol des Lebens und der Zeugung. Die Zerstreuung des Fisches bedeutet also die Zerstreuung der Symbolik, und diese führt erst eigentlich das Chaos herauf, weil sie das Leben zerstört. Es ist also ein vollkommenes Symbol ›ex negativo‹: die stumpfe Vertilgung des Fisches ist die dumpfe Zerstörung der heiligsten Lebenssymbole.«

Bringt man diese Deutung mit dem »Datum« des Gedichts, mit seiner Entstehung um 1935, zusammen, dann wird schlagartig auch sein Zeitsinn offenbar. Das Gedicht dekouvriert das heraufziehende Chaos der Nazi-Epoche, den Mißbrauch und die Zerstörung der Symbole, auf die eine verbrecherische Praxis folgt.

Ernst Meister hatte unter dem Eindruck dieser Zeit das Publizieren, nicht aber das Schreiben aufgegeben. So radikal und illusionslos wie in »Zerstreuung eines Fisches« schrieb er die Jahre von Vorkrieg und Krieg freilich nicht mehr, sondern immer stärker kulturkonservativ, harmonisierend und sichtlich darauf gerichtet, die eigene schwierige Existenz poetisch zu stabilisieren. Man findet das heute in dem Band *Mitteilung für Freunde*. Darunter vieles, das nur historisch-philologisch von

Interesse ist. Einige Gedichte irritieren durch eine heute obsolete Kriegsmystik. Sie interpretieren den Kriegstod als »Pflicht der Geschöpfe«. Meister zollt hier unbewußt, halbbewußt dem Zeitgeist seinen Tribut.

Doch Meister hat in den Jahren bis zu seinem späten Wiederbeginn, besser: seinem eigentlichen Eintritt in die Literatur auch Themen und Stilmittel ausprobiert, die eine realistische Komponente seines Schaffens zeigen, einen neusachlichen Stilzug genauer Beobachtung und lakonischer Ironie. In den Texten aus dem Nachlaß gibt es Erzählgedichte, die die metaphysische Thematik mit Momenten aus dem (klein)bürgerlichen Alltag verknüpfen – etwa in »Kadenz« die Todesangst einer jungen Wöchnerin mit ihrer Sehnsucht, »diesseits noch / ihre Schleiflackküche zu // sehen«. Der Dichter knüpft daran die philosophische Reflexion: »Nichtigkeiten? / Dich überraschten / Richtigkeiten. // Notzucht und amor dei, der Himmel / läßt beides zu.«

Der Schluß von »Kadenz« gibt quasi das Programm für eine veristische Idylle: »Als wir lebten, / haben wir uns manchmal / zu Hause gefühlt.« Hier – und an einigen anderen Stellen – fehlt der metaphysische Stachel, gibt es eine innerweltliche Harmonie. Überhaupt kommt Meister mehrfach auf den Alltag seiner industrialisierten westfälischen Umwelt zu sprechen, auf die Fließbandarbeit »ohne Anfang, ohne Ende« und den »bleichen Boß«, der sie regiert (»Die Trompetenstraße«). Er entwirft das Porträt eines Beamten der Stadtbehörde oder das nächtliche Stilleben: »im kühlen / Zimmer / steht / auf dem Tisch / ein Glas mit Wasser« (»Variation«). Noch in den Gedichten aus Meisters reifer Produktion gibt es immer wieder solche realitätsnahen Schnappschüsse, wie wir sie von dem Amerikaner W.C. Williams kennen. Etwa der Anfang von »Das Denken«: »An kalkener Wand, / wo die Nessel flammt, / dein Hirn die rüsselnden Fliegen verdammt«. Oder – ein geradezu klassisches Beispiel – aus *Zahlen und Figuren* »Ein Stück Zeitungspapier«:

Liegt herum, gilb,
wurde gebraucht,
bei Zittergras
räkelt es sich.

Zerknüllt
Nachrichten, Tode,
der Wind
beschnuppert sie.

Auch
Fliegen
sind
interessiert.

Meister hatte einen durchaus scharfen Blick für die Welt, die ihn umgab und die er Heimat zu nennen bereit war. Einen Sinn auch für die sozialen Bedingungen seiner Abkunft. In diesem Gedicht aus ... *und Ararat* (1956) läßt er uns einen Blick in ein Schlafzimmer des Jahrhundertanfangs tun, das womöglich das seiner Eltern war:

> ... eingetreten bin ich in das Zimmer,
> wo auf ein Bild des Kaiserpaars
> das Licht rote Goldstücke zählt,
> im Schatten über der Bettstatt
> Jesus mit seinen Jüngern durchs Kornfeld wandelt (...)

Wer eine Ruhrgebietskindheit der dreißiger Jahre aufzuweisen hat, kann sich an solche Bilder – Öldrucke zumeist – wohl erinnern. Oder auch an dieses Bild aus einer Arbeiterküche: »Auf poliertem Herde / der blanke Kessel (...)«.

Das ist nicht bloß ein *snapshot*, sondern eine profane *Epiphanie*, wie James Joyce das plötzliche Aufleuchten eines beliebigen Dinges oder Augenblicks bezeichnete. Meister war Dichter genug, um auch in seinem späten Werk solche epiphanischen Momente zu beschreiben. Doch seine metaphysische Suchbewegung führte ihn mehr und mehr über den profanen Realitätsbezug hinaus. Die Titel seiner Bücher deuten diese Bewegung an: *Zahlen und Figuren, Die Formel und die Stätte, Zeichen um Zeichen;* vor allem aber *Sage vom Ganzen den Satz, Zeitspalt, Wandloser Raum.*

Die treffendste Formel für Meisters Intention ist wohl der Imperativ »Sage vom Ganzen den Satz«:

Sage vom Ganzen
den Satz, den Bruch,
das geteilte Geschrei, den
trägen Ton, der Tage Licht

Das Ganze, das da ausgesagt werden soll, läßt sich nur noch potentiell und negativ bestimmen. Meisters metaphysische Poesie spielt auf melancholische Weise mit ihren Bezügen. Sie umkreist Elementarverhältnisse von Denken und Schauen und transzendiert fortwährend die sinnlichen Einzelheiten, ohne die das dichterische Spiel abstrakt bliebe. Meister bedenkt »Unsinn und Sinn der Dinge« als Denkanlässe, die nicht mehr zu Konsequenzen führen können. Denken ist sich selbst genug, hat aber zugleich auch etwas Selbstquälerisches. Merkwürdig nachdrücklich erscheint das Bild des Schädels als der subjektive Bezugspunkt fürs Allgemeine. Nicht zufällig bezieht Meister sich dabei auf Paul Valéry und dessen Begräbnisort Sète. »In Sète« ist das einzige mit einem Titel versehene Gedicht des Bandes:

Den Stein verstand ich,
der die Namen trug,
ihn waagrecht, sein Gewicht.

Die Schädel drunten
dacht ich so: es wäre
Lehm daraus zu löffeln.

Bewußtsein, überlebt
vom Stoff.
Ich war

der Atmende, aufrechtes Tier
auf Erden noch –
im Weltriß häuslich.

Meisters Bestimmung, »das Dichten ist ein volles Nichts im Riß der menschlichen Welt«, gewinnt hier ihren spezifischen Sinn. Es ist die Paradoxie dieses Dichtens, daß es seine Leere und Selbstgenügsamkeit als Fülle denkt. Gegen Valérys Bemerkung, daß der menschliche Geist um das Sorge trage, was nicht existiert, setzt Meister den realistischen Verweis auf die

Hinfälligkeit des Bewußtseins, seine Gebundenheit an den Stoff: »Etwas anderes als das, was ist, gibt es nicht.« Das lyrische Ich bedenkt die Grenze, ohne das positivistische Axiom überspringen zu können. Meisters Poesie ist an die Unaufhebbarkeit der Welträtsel gebunden. Da sie auf »Stoff« angewiesen ist, bezieht sie Vor-Gedachtes, Vor-Gedichtetes ein, als wäre »Lehm daraus zu löffeln«.

Aus Meisters letztem Gedichtband *Wandloser Raum* spricht die Entschiedenheit eines Denkens, das schon nicht mehr von dieser Welt ist. Was sonst das Thema von Gedichten ausmacht – Natur, Liebe, Gesellschaft, Dasein –, ist hier auf den absoluten Kontrast gebracht: Hier das Bewußtsein, dort der unendliche Raum mit seinem gefährlichen Sog:

Geist zu sein
oder Staub, es ist
dasselbe im All

»Dichten ist identisch mit Denken« ist ein Gespräch überschrieben, das Jürgen P. Wallmann am 4. Dezember 1978 mit dem Dichter geführt hat; vermutlich das letzte Interview, das Ernst Meister gegeben hat. Darin antwortet der Dichter auch auf die Frage, ob die Botschaft seiner Gedichte womöglich Resignation und Hoffnungslosigkeit sei. Meister spricht dort vom »Geschenk des Bewußtseins« und von seiner Überzeugung, daß das Schicksal des Menschen das Abenteuerlichste und metaphysisch Unausführbarste sei, aber auch von dem Moment des Todes, der totalen Auslöschung »für alle Zeit, für alle Ewigkeit«: »Und da irgendeinen Klebstoff anzusetzen, das ist mir nicht möglich. Ich bleibe also dabei, daß das Menschendasein ein unwahrscheinlich riskantes, aber dann eben doch letzten Endes durch Sprache auszudrückendes Abenteuer ist.« An diesem Abenteuer nimmt der Leser von Meisters Poesie teil. Die Gedichte Ernst Meisters kommen ohne Klebstoff aus; sie öffnen uns die inneren Augen.

»seltsam! vgl. Todesfuge«
Paul Celan und Trakls Palette

Auf einer Reise, die ihn über Salzburg nach Wien führte, schickte Paul Celan seiner Frau Gisèle eine Postkarte mit der Ansicht des Mirabell-Gartens: »Mirabell, das ist für mich ein Gedicht von Trakl – lesen Sie es wieder, Sie werden es ohne weiteres finden. – Bis sehr bald! / Paul / (Am Salzburger Bahnhof, Mitten im Warten, am 4. August 1960)«.

Wir sehen, daß Celan bei seiner Frau die Vertrautheit mit Trakls Werk voraussetzte. Mehr noch: Trakl war für die Eheleute ein Schibboleth. Das belegt ein Zeugnis aus einer schweren Ehekrise, der Brief Gisèles vom 23. Januar 1958. Dort heißt es gegen Schluß: »Wegen Dir denke ich wieder über diese Zeile Trakls nach ›Ein blauer Augenblick ist nur mehr Seele‹.« Diese Zeile aus »Kindheit« ist in Gisèles zweisprachiger Trakl-Ausgabe doppelt angestrichen. Sie sollte ausdrücken, was in Briefprosa nicht zu fassen war.

Für Celan selbst war Trakl in diesen Jahren zwischen *Sprachgitter* und *Niemandsrose* ein Autor, mit dem ihn mehr als bloße Nostalgie verband. Sowenig Celan eines seiner Gedichte widerrief, sowenig die Beziehung zu einem Dichter, der ihn einmal beeindruckt, von dem er gelernt hatte. Trakls Farbenreichtum mag sogar ein Ausgangspunkt gewesen sein auf seinem Weg zu einer *graueren* Sprache.

1958, in der bekannten Antwort auf eine Umfrage der Librairie Flinker, formulierte Celan die Vorstellung von einer Sprache, die dem Schönen mißtraut und wahr zu sein versucht: »Es ist also, wenn ich, das Polychrome des scheinbar Aktuellen im Auge behaltend, im Bereich des Visuellen nach einem Wort suchen darf, eine ›grauere‹ Sprache, eine Sprache, die unter anderem auch ihre ›Musikalität‹ an einem Ort angesiedelt wissen will, wo sie nichts mehr mit jenem ›Wohlklang‹ gemein hat, der noch mit und neben dem Furchtbarsten mehr oder minder unbekümmert einhertönte.« Eine Absage an Farbe und Wohlklang, die auch der eigenen Vergangenheit gelten mochte.

Wir wissen, daß Trakl zu Celans frühen Lektüreeindrücken gehörte (neben George, Heym, Klabund und Rilke); wissen, daß Celan 1948 in Innsbruck Trakls Förderer Ludwig von Ficker besuchte und Blumen auf Trakls Grab legte; und zu Trakls Einfluß auf die eigene Dichtung hat Celan sich ausdrücklich bekannt. »Ich bin der letzte, der den Einfluß Trakls bestreiten würde«, schreibt er am 19. Mai 1961 im Kontext der Diskussion um die »Todesfuge« an Walter Jens.

Liest man jedoch nach, was in seinem Frühwerk dem Einfluß Trakls zugeschrieben wird, ist die Ausbeute eher gering. Celan war auch als Anfänger kein bloßer Epigone. Später, als ihn die Infamie von Claire Golls Plagiatsanwürfen traf, war er um so strenger gegen das, was als Einfluß oder Übernahme erscheinen mochte. So hat er das zwischen 1939 und 1941 entstandene Gedicht »Hellgelb der Fernen«, das in der sogenannten *Schulausgabe* als Beispiel für sein Frühwerk figurieren sollte, zurückgezogen, weil es, wie er an den Herausgeber Klaus Wagenbach schrieb, in seiner »Trakl-Diktion« zu unvermittelt dastehe. Zwar kommt »Gelb« bei Trakl häufig vor, nicht aber »Hellgelb«, das hier gleich zweimal erscheint; und die Abendstimmung in Celans Gedicht erinnert nur sehr vage an Trakl.

Ein anderes Beispiel ist aussagekräftiger. Doch auch dieses zeigt weniger eine direkte Beeinflussung als Celans Neigung zur poetischen Replik. »Schöner Oktober« aus dem *Typoskript 1950* läßt sich als Kontrafaktur zu Trakls »Grodek« lesen. Freilich ist Trakls düsteres heroisch-elegisches Tableau ins Idyllische transponiert und sein psalmodierender Langvers geglättet zu melodischen Daktylen und volltönenden Reimen. Bei aller unbezweifelbaren Virtuosität ist es ein merkwürdig unbefriedigendes Gedicht. Celan hat »Schöner Oktober« nicht für die Publikation in Betracht gezogen. Wegen der erkennbaren Abhängigkeit, nicht minder wohl deshalb, weil er seinen Trakl inzwischen studiert hatte. Ein Band, der sich in Celans Bibliothek erhalten hat, zeigt uns, wie überaus gründlich.

Es ist ein Band mit Georg Trakls *Dichtungen*, erschienen 1949 bei Otto Müller in Salzburg, die sechste Auflage der erstmals 1938 publizierten Ausgabe. Celan erhielt ihn als Geschenk zu seinem 30. Geburtstag, zum 23. November 1950. Der Eintrag lautet: »pour Paul / I.C. / à Paris – le 23 nov. 1950.«

I.C. – das war der Ethnologe Isac Chiva, fünf Jahre jünger als Celan. Ihn hatte Celan 1947 in Budapest kennengelernt. Chiva und Celan waren zusammen von Budapest nach Wien geflohen, und Chiva hatte Celans Ankunft in Paris Juli 1948 vorbereitet. Er muß ihm so nahegestanden haben, daß Celan ihn zeitweise als potentiellen Widmungsträger des Gedichtes »Spät und tief« vorgesehen hatte.

Der Band ist das sprechendste Dokument für Celans tiefreichende Beschäftigung mit Trakl. Er bezeugt vor allem das Interesse an dessen Palette. Celan hat alle Farbadjektive akribisch markiert und jeweils am Seitenrand wiederholt. Einmal (S. 140) fehlen die Notierungen; und ab S. 152 setzen sie ganz aus. Sowohl »Traum und Umnachtung« wie »Offenbarung und Untergang« sind frei von Anstreichungen; also auch »Grodek«. Kein Zeichen für nachlassendes Interesse, eher dafür, daß Celan sich keine weiteren Erkenntnisse versprach.

Er notiert nicht bloß die reinen Farben (rot, blau, gelb, grün, braun, schwarz, weiß, aber auch gold, silbern), sondern auch Trakls Tonabstufungen nach Hell und Dunkel (lichterloh, wächsern, fahl, blond, vergilbt, stählern, dunkel, blass, bleich, kristallen, monden, finster, etc), wobei »dunkel« besonders häufig erscheint. Über »Sebastian im Traum« (S. 105) setzt Celan die Notiz: »dunkel als Zeitattribut.« Die Beobachtung, daß Farbe in Trakls Gedicht räumlich und zeitlich organisiert ist, findet sich schon S. 26: »Farbe als Raum für die Bewegung und Ruhe – und umgekehrt.« Womöglich auch eine Anmerkung pro domo.

Von Trakls Grundfarben hebt Celan von einem gewissen Punkt an *weiß* durch Unterstreichung hervor. Wie wichtig ihm diese Nicht-Farbe erschien, zeigen die Anstreichungen und Anmerkungen zu Trakls »Psalm« (S. 65), vor allem zur vierten Versgruppe, die hier in Druckanordnung, Unterstreichungen und Randnotierungen wiedergegeben ist:

Es ist ein leeres Boot, das am Abend den schwarzen Kanal heruntertreibt.	schwarz
In der Düsternis des alten Asyls verfallen menschliche Ruinen.	
Die toten Waisen liegen an der Gartenmauer.	
Aus grauen Zimmern treten Engel mit kotgefleckten Flügeln.	grau
Würmer tropfen von ihren vergilbten Lidern.	gelb
Der Platz vor der Kirche ist finster und schweigsam, wie in den Tagen der Kindheit.	
Auf silbernen Sohlen gleiten frühere Leben vorbei	silbern
Und die Schatten der Verdammten steigen zu den seufzenden Wassern nieder.	
In seinem Grab spielt der weiße Magier mit seinen Schlangen.	weiß

Zur Schlußzeile gibt es die Anmerkung »*/ vgl. Abendmuse S. 32.« In dem angesprochenen Gedicht erscheint der Vers: »Des weißen Magiers Märchen lauscht die Seele gerne.« Er spielt im folgenden keine Rolle. Die frappierendste Notiz unter allen Anmerkungen Celans aber ist die folgende, schräg links unten auf die Seite gesetzte. Sie lautet: »seltsam! vgl. Todesfuge«.

Eine unverkennbar spontane Bemerkung, ein Ausruf des Erstaunens! 1950 also (oder wenig später, bei der genauen Lektüre), jedenfalls zu einer Zeit, da von Plagiatsvorwürfen noch nicht die Rede war, geht es Celan auf, wie sehr sein Gedächtnis bei der Arbeit an der »Todesfuge« im Spiel war. Nicht als Anleihe, sondern als produktive Anverwandlung, aus der dieses Motiv hervorging: »Ein Mann wohnt im Haus der spielt mit den Schlangen ...« Das Grab des Magiers hat sich in jenes Grab verwandelt, das die Juden selbst schaufeln müssen, und weiter in das »Grab in den Lüften«.

Celan hat solche intertextuelle Transformation erkannt und poetologisch begründet. »Es gibt also – Anamnesis! – da, wo wirkliche Begegnungen stattfinden, im Grunde ... Wiederbegegnungen«, schreibt er in dem schon erwähnten Brief an Jens, wo es unter anderem um die angebliche Entlehnung des »Ebers« aus einem Goll-Gedicht geht. Was Celan als »Wiederbegegnung« bezeichnet, gilt auch für Trakls weißen Magier. Freilich bleiben von ihm nur die Schlangen, getilgt ist das Farbadjektiv. Die Nicht-Farbe »Weiß« ist in der »Todesfuge« zugunsten des Oxymorons »schwarze Milch« ausgeblendet.

Was die Kühnheit farblicher Verbindungen angeht, hat auch der Leser von Trakls *Dichtungen* sein Augenmerk darauf gerichtet. In Celans Exemplar findet sich unter dem Gedicht »Verwandlung« (S. 66) die Anmerkung: »feststellen, wie oft Farbworte eine so kühne Ehe eingehen.« Unterstrichen sind dort die Wendungen »rotversengt« (Z. 1), »braune Reben« (Z. 3), »schwarzes Land« (Z. 5), »roter Buchen« (Z. 6) und »Ein blaues Tier« (Z. 7) – also Kombinationen, die man nicht eben als kühn empfindet. Celan hat die Kühnheit wohl eher in der Modulation und Kombination der Farbwerte gesehen. Er zeigt auch Sinn für die Raffinesse des vokalischen Chiasmus in »Sonja« (S. 121), für die Abfolge: »S*o*nne – bl*u*me / W*u*nde, r*o*te.« Ähnlich fixiert Celan mit dem Stichwort »Symmetrie!« in »Nacht« (S. 100) die vier Zeilen mit der Farbfolge blau / rot / blau / rot.

All dies belegt, wie sehr musikalisch-strukturelle Überlegungen in seine Untersuchung der Farbmetaphern Trakls hineinspielen. Vielleicht ist dort die spätere Ablehnung des »Metapherngestöbers«, ja der Metaphorik überhaupt vorgedacht. Umgekehrt gilt, daß Celan seine metaphorische Rede immer mehr als *eigentliche* Rede betrachtete. Zu »schwarze Milch der Frühe« heißt es in den Notizen zur Büchner-Rede: »Das ist keine Redefigur und kein Oxymoron *mehr*, das ist *Wirklichkeit*.«

In dieser Phase wird Trakl noch einmal zum potentiellen Eideshelfer; erstaunlicherweise im Rekurs auf die Literaturwissenschaft. Aus Walter Killys Trakl-Buch exzerpiert Celan: »Die Farbwörter bei Trakl: sie sind nicht ›ursprünglich‹ da und damit herauslösbar und symbolisch verwertbar; das Traklsche Gedicht ist also bereits in der Wolle gefärbt, so oder so, es bleibt, blau oder braun, das Gedicht; im übrigen weiß die

Sprachwissenschaft, daß die Farbwörter Derivate sind: albus etc. (tongrau usw.).«

Auch Celans Gedicht spinnt seinen Faden nicht mehr herauslösbar und symbolisch verwertbar, sondern in einer Farbe, die sich keiner Färbung verdankt und auf keiner Palette findet. Das Gedicht wird »herzgraue Sprache in der Zeit«.

Ein Unterton von Glück

Einladung, die Gedichte Ludwig Greves zu lesen

Ecce poeta

Der Satz, daß es nach Auschwitz barbarisch sei, Gedichte zu schreiben, war noch nicht formuliert, als der 19jährige Ludwig Greve, in einem Refugium höchst vorläufig geschützt, seine ersten Schreibversuche unternahm. Es war im Sommer 1944, im aufgelassenen Seminar zu Lucca, wo er mit Hilfe eines jungen Geistlichen Zuflucht gefunden hatte: »Morgens also setzte ich mich an den Tisch und fing mit der ersten Zeile an, abends war das Gedicht, oft lange über mehrere Seiten, fertig«, erinnert sich Greve drei Jahrzehnte später nicht ohne Ironie. Er mokiert sich über die Themen (der Frieden, das Goldene Zeitalter, Anschwärzung der Feinde, Liebe natürlich) und resümiert: »Ein Bestreben etwa nach eigener Sprache kann ich mir nicht nachsagen, ich übernahm vielmehr in aller Unschuld, was ich so für Lyrik hielt.«

Der Fünfzigjährige zeichnet hier, in seinem Erinnerungstext *Ein Besuch in der Villa Sardi* (1974) das genaue Gegenbild seiner reifen Poesie. Nur einmal durchbricht unvermittelter Ernst seine Selbstironie: »Der Gipfel der, soll ich sagen, poetischen Rücksichtslosigkeit war, daß ich in deutsch schrieb, in keiner anderen Sprache fühlte ich mich so zuhause; das hätte, wenn es jemand sah, nicht nur mich hineingerissen.« Eine allzu berechtigte Befürchtung. Doch das Schicksal meinte es diesmal gut mit dem jungen Mann. Die Kinder seiner Muse, versteckt auf einem Dachboden, später gar im Empfangssaal des Erzbischöflichen Palais, blieben unentdeckt. Als er sie nach der Befreiung von der deutschen Besatzung im September 1944 hervorholte, erwischte ihn der Erzbischof beim Einsammeln der vielen Blätter. »Hier auch? Und da? Ecce poeta!« rief er lachend.

Aus den vielen Blättern wurde nichts. Das Leben setzte sich vor die Poesie. Fünf Jahre Palästina wollten gelebt sein; dazu die zionistische Hoffnung, die sich für den Dichter als »angelesene Utopie« erwies. Als Ludwig Greve 1950 wieder nach Deutschland kam, fand er – wie viele rückkehrende Emigranten – ein anderes Deutsch vor als das, das er erworben und bewahrt hatte. »In diesem Dilemma«, schrieb er sehr viel später, »zog es manche zu den klassischen Vorbildern.« Manche? *Einen* gewiß: Ludwig Greve. Der Mann, der so viel an deutschem Alltag wie an Bildung nachzuholen hatte, fühlte sich immer noch als Anfänger. Adornos Verdikt bezog er auf sich, mehr noch: das Schuldgefühl, den Holocaust überlebt zu haben, plagte ihn ähnlich wie Paul Celan: »Daß ich leben wollte, machte mich schuldig.« So ließ er sich Zeit mit dem Dichten, Zeit mit dem Publizieren. Als Ludwig Greve 1961 mit dem Band *Gedichte* debütierte, war er immerhin siebenunddreißig. Von den vielen Blättern, die er seit Lucca mit Versen bedeckt hatte, waren ganze zwanzig Gedichte übriggeblieben. Gedichteschreiben blieb ihm ein strenges Exerzitium, das sich vor den Opfern wie den Lebenden rechtfertigen mußte. Als er dreißig Jahre später starb, bei einem Badeunfall, hatte er alles, was ihm wichtig war, in einem immer noch schmalen Band gesammelt. Das nennt man gewöhnlich eine Ausgabe letzter Hand: Es waren genau vierzig Stücke; und aus seinem Erstling war nur noch die Hälfte dabei. Ein Œuvre von antikischer Knappheit, aber auch von antikischem Rang. Was sonst die Zeit übernimmt, die alle Werke auf ihren wahren Umfang reduziert – der Dichter hatte es selbst getan.

Seine Freunde meinten nach seinem Tode, dieser Strenge nicht folgen zu sollen; auch das Zurückgestellte, ja Verworfene seines Werkes habe sein Interesse; auch dessen *membra disiecta* zeigten die Klaue des Löwen. Als Greve posthum der Huchel-Preis verliehen wurde, forderte Wulf Kirsten: »Die nur mit akribischer Lust und List aufzuspürenden Texte des Laureaten müssen einen eigenen Band bilden.« Reinhard Tgahrt hat das Vollkommene mit dem Verstreuten in diesem Band unter dem einfach-schönen Titel *Die Gedichte* zusammengeführt.

Geflohen auf die Lebensreise

Lyriker sind oft selbst die Protagonisten eines Romans, ihres Lebensromans; wenige so unbedingt, so unbestechlich gegen sich wie Ludwig Greve. Eine »schöne Biographie«, wie sie Giuseppe Ungaretti dem Ehrgeiz der Dichter zuschrieb, konnte es für einen Verfolgten wie ihn nicht geben. Nicht ohne Grund blieb seine spät und unter vielen Anläufen unternommene Autobiographie *Wo gehörte ich hin?* Fragment. Um so mehr gilt der lapidare Satz Wulf Kirstens: »Seine Dichtung kann als lyrische Biographie gelesen werden.« Was sich dem Leser der Gedichte als eine schmale Folge von bedeutenden Stücken darstellt, erschien Greve lange als kaum zu bewältigende Realität. Er habe über Jahre »Angst vor der Wirklichkeit« gehabt, bekannte er: »Ich wich in meine Biographie aus, die bot genügend exotischen Stoff.« Man begreift die Ironie, die hier mitschwingt, wenn man sich einen knappen Begriff von diesem Lebenslauf macht. Er liefert – mit einer Wendung Celans – jene »Daten«, derer das Gedicht eingedenk ist.

Ludwig Greve wurde am 23. September 1924 in Berlin in eine assimilierte deutsch-jüdische Kaufmannsfamilie hineingeboren: »Juden der Herkunft nach, kaum mehr der Gewohnheit oder gar des Glaubens« – und so empfand sich die Familie 1933 »zu Juden ernannt«. Mit der Verhaftung des Vaters im November 1938 und dessen mehrwöchiger KZ-Haft zerbrach für den Jungen die Kindheit. Im Mai 1939 gelang es der Familie zu emigrieren; doch diese Emigration wurde zu einem ruhelosen, verzweifelten Wechsel der Orte und Länder. Kuba wies die 921 Flüchtlinge des Hapag-Dampfers St. Louis zurück; und auch der Einreiseversuch in Florida scheiterte. Das Gedicht »Vor Havanna« findet die Formel: »Und flohen wir, so auf die Lebensreise.« Die Rückfahrt über den Atlantik führte nach Antwerpen und weiter nach Boulogne-sur-Mer. Im französischen Exil wurde die Familie getrennt. Ludwig Greve fand mit seiner Schwester Aufnahme in einem Kinderheim bei Paris, während der Vater in Paris und in Lagern in Bordeaux und bei Grenoble interniert wurde. 1942 begannen mit französischer Beihilfe die systematischen Deportationen der jüdischen Emigranten aus dem nicht besetzten Frankreich. Während die Familie des Onkels Ernst Greve in einem Vernichtungslager umkam, gelang es Walter Greve, mit Frau und Tochter in die Berge der Basses Alpes zu fliehen.

Ludwig war schon vorher, im Juni 1940, mit anderen Heimkindern aus Montmorency geflohen und nach Montentin bei Limoges gelangt, wo er in der Tischlerwerkstatt des Heimes arbeitete. Ende September 1942 ging er – nach zweimaliger Festnahme – in den Untergrund der Résistance, nahm den Namen Louis Gabier an und konnte die eigene Familie ins italienisch besetzte Nizza bringen, und von dort in diverse Verstecke der Provinz Cuneo. Bei einer Beschießung der Bergdörfer wurde die Mutter schwer verletzt. Im Januar 1944 wurden der Vater und die Schwester durch Carabinieri verhaftet und über die Konzentrationslager Borgo San Dalmazzo und Fossoli am 22. Februar nach Auschwitz deportiert. Nur vom Vater weiß man das Todesdatum: er wurde noch am Tag der Ankunft, am 26. Februar, umgebracht.

Der Sohn konnte die schwerverletzte Mutter retten und fand selbst Schutz und Rettung im Luccheser Seminar.

Soweit der »exotische Stoff« von Greves Biographie. Ihre folgenden Daten belegen den Versuch, zu einer wie immer zu fassenden Normalität zu gelangen. Zu ihr gehört schon das Palästina-Experiment: die im März 1945 erfolgte Auswanderung mit der Mutter nach Palästina und 1950 die Rückkehr nach Deutschland. Freundschaften ließen Greve in D. (»Warum nennt man das Land nicht nach dem Autokennzeichen«) nur allmählich menschlich und beruflich Fuß fassen. Dazu gehört vor allem die schon in Haifa geknüpfte Freundschaft mit Margot und Max Fürst, sowie die freundschaftliche Zusammenarbeit mit dem Holzschneider HAP Grieshaber und dem Drucker Josua Reichert. Die Heirat mit der Musikerin Katja Maillard und die Geburt der Töchter Cornelia und Julia boten dem Dichter den Rückhalt der Familie und nicht wenige Motive seiner Lyrik. Der Eintritt ins Deutsche Literaturarchiv in Marbach brachte die lebenswichtige berufliche Kontinuität: »Daß man mich hier brauchte, mir mehr zutraute als ich selbst, hat mir Glück gebracht«, sagte Greve 1988 nach dreißig Jahren Tätigkeit zum Abschied. Die Pensionierung sollte ihm die Möglichkeit geben, seine Autobiographie zu vollenden. Sie blieb Fragment. Am 12. Juli 1991 ertrank Ludwig Greve in der Nordsee bei Amrum. »Nimm das Feste von uns, / Meer, beruhige diesen störrischen Willen« – heißt es in seinem Gedicht »Bei Ebbe I«.

Gottfried Benn bewunderte »die skrupellose Art, wie die Ausländer ihre Lyrik starten«, und sein eigener Erstling *Morgue* von 1912 beweist ja, daß er etwas vom Starten verstand, vom Erfolg durch Skandal. Ludwig Greve ist so ziemlich das Gegenteil des skandalierenden, Erfolg suchenden Dichters. Er hielt es eher mit dem Erfolgsstreik. Sparsam ließ er seine Gedichte in Presse-, Einblattdrucken und Katalogen erscheinen, die späteren Bände kamen in einem Kommissionsverlag oder als Privatdrucke von Freunden heraus und erreichten eine größere Öffentlichkeit kaum. Skrupulös arbeitete er an dem einzelnen Gedicht und gab es zögernd aus der Hand. »Es gibt den Dichter«, schrieb Friedhelm Kemp, »dem es jeweils um das eine einzelne Gedicht geht. Bei Ludwig Greve ist das in extremem Grade der Fall. Als lohnte es sich nur zu schreiben, wenn lang und oft Erwogenes sich so gelassen wie energisch zur Konfiguration entschließt. Zum jeweils einzelnen, unverwechselbaren Gedicht, das dann, wie ein freistehender Baum, seinen Raum um sich schafft.« Präziser kann man nicht formulieren, was es mit Greves lyrischen Solitären auf sich hat.

Mein Versuch einer Charakteristik muß sich beschränken. Es gibt die vielen freistehenden Bäume der Greveschen Gedichte, die hier nicht alle charakterisiert werden können. Doch dem distanzierteren Blick zeigen sich auch Gruppen, besondere Konstellationen, ja zeitliche Abfolgen. Greves Lyrik ist, so sehr sie das einzelne Motiv, den jeweiligen Gegenstand in eine unverwechselbare Gestalt überführt, durchaus nicht entwicklungsfremd. Es gibt Formen und Gruppierungen von Formen; es gibt die Reimstrophen und die Sonette, später die klassischen Maße von Ode und Hexameter; und es gibt, vorher und nachher, jene freirhythmischen Gedichte, die selbst in ihrer Lockerheit nicht verleugnen, daß sie von klassischen Metren abgeleitet sind. Schon die Rezensenten der *Gedichte* (1961) haben Greves Formwillen und Formkunst betont. »Sie sind von scharfer Kontur, harter Musikalität«, befand Karl Krolow von den Gedichten; und Helmut Heißenbüttel sprach von »einer geradezu ungeheuerlichen Verkürzung« in Greves Sprachgestus. Das Beispiel, das er anführte, war das Gedicht

»Lucca, Giardino Botanico«; und wer es nachliest, begreift, welchem Geschehen die Fügung der Reimstrophen standzuhalten sucht. Die Widmung unter dem Gedicht gibt den konkreten Hinweis: *»Dem Gedächtnis an Evelyn Greve, die im Frühling 1944, fünfzehnjährig,* deportiert *wurde.«*

Das Gedicht beschwört den Botanischen Garten Luccas als ein Refugium, darin der Verlust der Kindheit derart bewahrt wird, daß er überhaupt erst ausempfunden werden kann. Daß unter den toten Kindern, derer gedacht wird, auch die Schwester ist, vermag das Gedicht erst mit der vierten und fünften Strophe auszusprechen, als es sich seines erinnernden Sprechens vergewissert:

Die Sprache lern ich später Schüler,
die, taub der Zeit, vergessenes Maß,
vergessene Leiden nicht vergaß.
Vom Steinklang ihrer Reime kühler,

kann meiner Schwester ich begegnen.
Die Apfelstirn, gelöscht von Kalk,
hat Schatten, Laub zum Katafalk.
Ach, Gartenruhm der Unterlegenen!

Der Dichter als der späte Schüler sucht und findet die gemäße Sprache im »Steinklang ihrer Reime« – im Paradox, daß der Reim selbst das Ungereimteste zu fassen vermag. In einem Interview von 1962 hat Greve dieses Paradox bekräftigt: »Ich habe sehr lange den Reimen mißtraut. So etwas könne man nicht mehr machen; eine ungereimte Welt dürfe man nicht reimen. Aber die Sprache hat mich eines anderen belehrt. Ich erfahre Reime als etwas Geheimnisvolles, das mich zwingt, sie zu versuchen. Natürlich bemühe ich mich immer, nicht nur Klänge, sondern Gedanken zu reimen.«

Die Schlußstrophe des Gedichts lebt vom Gedanken-Reim, wie ihn Karl Kraus in seinem berühmten Zweizeiler gefordert hatte: »Er ist das Ufer, wo sie landen, / Sind zwei Gedanken einverstanden.« In Greves Strophen reimt sich so der »Katafalk« der Trauer auf den »Kalk« der Auslöschung, reimt sich das »Begegnen« mit der Schwester auf den »Gartenruhm der Unterlegenen«. Wie prekär, wie brüchig dieses schließliche Gelingen sein kann, zeigt die klangliche Unebenheit der Schlußzeile. Wie leicht hätte Greve dem »begegnen« ein geglättetes »Unterlegnen« zuordnen können. Er hat es in keinem der Drucke getan. Hier erhält die Gesprächsäußerung, das Geheimnisvolle der Reime zwinge den Dichter dazu, »sie zu versuchen«, einen Doppelsinn: Greve *versucht* die Reime, auf daß sie ihr Geheimnis preisgeben.

Man begreift, daß die Form des Sonetts, das seine Reime in ein strenges Gesetz einbindet, den Dichter eine Zeitlang faszinierte. Vielleicht versprach er sich einen Zuwachs an Musikalität oder auch eine thematische Erweiterung. Unter den zwanzig Stücken der *Gedichte* gibt es immerhin acht Sonette – oder doch Gedichte, die der Sonettform folgen: »Sardischer Ochse«, »Römisches Kastell bei Athlit«, »Favoritepark«, »Tulpen«, »Pfingstrosen«, »Die Blinde«, »Katja im Spiegel«, »Die Schwangere«. Thematisch sind es Landschaftseindrücke und Genrebilder, alle erfüllt von der Liebe zum präzisen Detail, zur sympathetischen Einfühlung, aber auch zum zugespitzten Schluß. Vielleicht war es gerade diese stringente Figur, die der Dichter erschaffen wollte, um sie wieder zu verlassen.

Formal sind Greves Sonette hoch bemerkenswert. Sie meiden das klassische Schema und umkreisen die freiere Gestalt des englischen Sonetts, mit seinen drei Vierzeilern und dem abschließenden Reimpaar. Dieses lautet etwa: »Die Knospen sind prall von Söhnen / inmitten der alternden Schönen« (»Pfingstrosen«), »Die Mädchen kämmen die Haare sich oft / während die Blinde hofft« (»Die Blinde«) oder »Eine, die schönste, bleibt im Rahmen / stehen, sonnt sich in ihrem Namen« (»Katja im Spiegel«). Geradezu frappierend bei einem Formkünstler wie Greve sind zwei reimlose Sonette – etwas, das um 1960 kein deutschsprachiger Lyriker versucht hat. Doch sowohl »Favoritepark« wie »Tulpen« bewahren die Sonett-Struktur, das erste durch Assonanzen, die den fehlenden Reim vertreten, das zweite durch den prägnanten Schluß: »Hochgebornen, den Kelchen fällt / blühend Schwinge auf Schwinge.« Greve hat diese Versuche nicht weitergeführt; er hatte mit dem Experiment-Begriff nichts im Sinn und neigte nicht dazu, eine einmal gefundene Form auszubeuten. Doch traf er mit seinen reimlosen Sonetten eine Tendenz der Moderne. Der Amerikaner Robert Lowell (1917-1977), einer der Väter der »Confessional poetry«, hat ganze Serien von reimlosen Sonetten verfaßt; etwa *Notebook 1967/68*, das die Geschichte seiner beiden Ehen reflektiert.

Bei der Zusammenstellung des Bandes *Sie lacht* fanden nicht nur die beiden reimlosen Sonette keine Gnade vor Greves Kritik, sondern auch einige der anderen Sonette; darunter das schöne, vielleicht etwas zu schöne »Katja im Spiegel«. »Stirn und Wangen, die Früchte von Gestern, / spiegeln ihr endlose Gegenwart vor« heißt es da. Vielleicht weil das Gedicht etwas von einem Stilleben hat und Ästhetisches als Zeitloses ausdrückt, vielleicht auch weil er später gehaltvollere Gedichte an seine Frau schrieb, hat es Greve nicht in den Band aufgenommen, der sein Gültiges bewahren sollte.

Dem Schmerz Atem geben

Gegen die schönen und schönklingenden Gedichte, gegen ihre ästhetische Vorspiegelung und zeitlose Statik setzte Greve in den sechziger und siebziger Jahren zunehmend das Bemühen, sein Lebensthema in eine gültige und wahrhafte Form zu bringen. »Daß ich meinen Vater und meine kleine Schwester verloren habe«, bekannte er gegen Werner Weber, »es steht hinter allem, was ich schreibe.« Am 26. Dezember 1965 schrieb er an Weber: »Ich versuche ein Gedicht auf meinen Vater, was ich mir lange nicht zutraute. Ich weiß noch nicht, ob ich ihm gewachsen sein werde. Jedenfalls wurde ich dabei genötigt, meinen Rhythmus zu verlassen. Der Klang, das große Ausschwingen der Ode, zog mich an, obwohl ich lange zweifelte, ob er mir erlaubt sei. Inzwischen bin ich darin geborgen und glaube, daß ich dem Schmerz Atem geben kann.« Am 28. Januar 1966 schickte er das Gedicht an Weber und schrieb dazu: »Hier das Gedicht auf meinen Vater. Obwohl es sehr persönlich ist, glaube ich, daß es die Menschen angeht ... Das jammervolle Thema ist ja von so viel Unberufenen zum Vorwand eigenen Auftrumpfens genommen worden, daß jemand wie ich gerne schwiege. Aber ich mußte es jetzt schreiben.« Das Gedicht »Mein Vater« eröffnete 1974 Greves Band *Bei Tag*«, dessen Untertitel »Neue Gedichte« zu Recht mit Rilke assoziiert werden darf, und beginnt:

Spät komme ich zu dir.
Wenn Staub mich riefe – aber ich höre nur
im Spiel der feuchten, meiner Lippen
diese gehorsame Stimme rufen.

Wo niemand wartet, Vater im Schweigen, wo
in Salz und Asche kenne ich deinen Mund,
der nach den Kindern ruft und ächzend
bittet um Gnade die Menschensöhne.

Die ehmals gute Jacke verriet den Herrn.
Du ohne Mantel, war auch kein Tier dabei
noch Gott: wie sorgsam führtest du in
zweifacher Kälte dein Kind zur Grube.

Dein Aug, die Stirne, Tafel vom Sinai,
der Nase starker Bogen – ich sehe nichts
und halte Nase, Stirn und deine
Bitternis doch in den hohlen Händen.

Ja, diese Hand, die unschlüssig Wort auf Wort
hier fügt, sie ahmte lange die Bögen nach
von deinem Namen, übte heimlich
Strenge und Mut des gerechten Mannes,

dem ich nie sagen konnte: ich bin dein Sohn.
Man hieß uns Fremde. Unsere Sprache war
ein Blick, ein Händetausch, und später
Auflehnung, bleiche Gewalt des Zornes.

Genügt die Trauer? Atem, Begeisterung,
die Liebesnächte danke ich deinem Grab
und auch die Kinder: unerschöpflich
höre sie lachen … Ich komme, Vater.

Das Gedicht hat die Form der alkäischen Strophe, wie sie vielen Gedichten Hölderlins zugrunde liegt und auch bei Rudolf Borchardt und Rudolf Alexander Schröder vorkommt. Daß die Ode aber nicht auf Klassik oder Klassizismus zielt, beweist schon die erste Zeile der ersten Strophe. Sie realisiert nur sechs der elf vorgeschriebenen Silben und kommt wie aus einem lang bewahrten und immer noch verstörten Schweigen.

Uwe Pörksen hat dem Gedicht in der Frankfurter Anthologie eine schöne Interpretation gewidmet. Hier seine zentrale Beobachtung: »Der Sohn sucht nach dem ermordeten Vater und findet ihn – kein Fleckchen Erde nennt den Namen – nur mehr in der eigenen lebendigen Stimme. Er entwirft das Bild des Vaters, Auge, Stirn, Nase – um abzubrechen. Er sieht ihn nicht. Klagend, sein Gesicht verbergend, hält er das des Vaters in den Händen. Des Vaters Züge sind die seinen: ›Ich bin dein Sohn.‹« So wird auch inhaltlich das Fragmentarische des Gedichts deutlich, der Ton, der Atem des Schmerzes. »Es ist eine selten schöne Totenklage«, schreibt Pörksen, und: »Ich weiß nicht, was mehr zu bewundern ist, die wie mit einer Präzisionswaage erwogene Form oder die moralische Kraft des Gedichts.«

Greves antike Formen versuchen eben diese Synthese von Kunst und Moral. Der Dichter tritt auf als jemand, der sich der Seinen vergewissert. Reinhard Tgahrt hat darauf verwiesen, daß in den Anreden an den Vater oder die Frau »Grund-, ja, beinahe lateinisch, Rechtsverhältnisse« zur Sprache kommen. In diesem Sinne redet Greve die »Schwestern« an oder die »Irdische Frau«. Selbst ein Streit zwischen Eheleuten erhält so Würde und Tiefe, wenn er in das Maß der alkäischen Strophe gefaßt wird:

Wie kam der Streit, die Blutwolke über uns,
nein, aus der Tiefe, dunkelt in Augen dir,
du Arme, meiner Hand nah – ich
sage dir Worte mit halber Stimme

und höre mich dabei wie ein Schauspieler
die Rolle sprechen, ja, meines Lebens, so
auswendig weiß der Mund, sobald er
deine Lippen verrät, die Worte (...)

Das hat nichts von privatem Exhibitionismus, obwohl Greve das realistische, ja alltägliche Detail nicht scheut. Greves Lyrik ist – anders als Lowells – keine *Confessional Poetry*. Die Seinen sind nicht Objekte einer psychologisch grundierten Auseinandersetzung. Sie erhalten eine fast archetypische Würde.

Greves großartigstes Gedicht, das von Frau und Ehe handelt, ist »Sie lacht«. Nicht umsonst hat er das Gedicht in den Titel seines letzten Bandes gesetzt. Der Text beginnt im Ton eines Alltagsgedichts, wie sie in den siebziger Jahren in Mode kamen:

Solche Nachmittage im Kino; heiser
brach Musik aus, wenn man danach vom Dunkeln
taumelnd an die Dämmerung trat ... Es riecht noch immer
nach Mänteln (...)

Nicht jeder Leser wird bemerken, daß es sich hier um eine sapphische Strophe handelt; zudem um eine, deren vierte Zeile, der Adoneus, an die dritte angeschlossen ist (wie es auch Rudolf Borchardt handhabte). Doch ihr Ton, das zögernde, manchmal gestaute Sprechen, das dennoch über die Strophengrenzen hinwegflutet, läßt deutlich werden, daß hier etwas anderes intendiert ist als naturalistische Abbildung. Die Schilderung einer Filmvorführung (»Da stolpert zu Herzen Chaplin«) transzendiert ihren Anlaß und geht am Schluß in eine fast archaische erotische Geste über: »leichte Erschütterungen / spürt die Hand, die, kaum, daß ich's wahrnahm, deinen Nacken umjocht hält.«

Hier regiert aufs schönste »die eigene Gangart lockeren Ernstes«, die Greve sich für seine Verse wünschte. Sie regiert auch die Ode auf »Hannah Arendt« oder »Marbach am Bahndamm«, den lyrischen Dankesabtrag an den langjährigen Lebens- und Arbeitsort.

Die sapphische Ode »Hannah Arendt« ist eines der großen Personen-Gedichte des 20. Jahrhunderts. Der Würde der Form entspricht der große Gehalt. Die realistischen Momente des Alltäglichen tun dem keinen Abbruch. Im Gegenteil. Die Verse schlagen den Bogen von der amerikanisch-bunten Kleidung zur imponierenden Physiognomie der Porträtierten und weiter bis in eine fast antikisch gedachte Verewigung. Hier der Eingang:

Drei, vier Stufen tastet herab, als sei da
Wasser, diese Frau von woher – das bunte
Kleid, amerikanisch, bedeutet nichts, der Stolz ist das
Fremde,

so ein Zug von Wildheit um ihren Mund, wo
sah ich das? auf griechischen Münzen, unscharf
hie und da am Rand, wo die Fingerkuppen vieler
Geschlechter

diesem Gott ein bißchen Gefühl beibrachten,
seiner Jugend Hinfälligkeit. (...)

Eine starke Evokation. Eine Beschwörung, die Zeilen- und Strophengrenzen überflutet und trotzdem ein genau gefaßtes Bild aufruft: das Bild der Philosophin, der jüdischen Emigrantin, die dem Dichter ein Vorbild für andere wird – alles zugleich persönlich-spezifisch und zugleich groß gesehen; und mit einem Schluß, der auch den Dichter mitmeint: »Sie trugen die Bürde, Hannah, nichts ging verloren.« Denn das sagt, maskiert, doch nicht ohne Stolz, der Dichter gewissermaßen auch von sich selbst. Die Ode an Hannah Arendt ist das vorletzte Stück in der Sammlung von 1991. Als sei das schon ein zu starker Akzent, hat Greve das Marbach-Gedicht an den Schluß gesetzt: ein Gedicht auf den Arbeitsalltag, aber in Alkäen. Beispiel für die Zurücknahme aller Aspiration.

Die Skala von Greves Themen ist größer, als es diese wenigen Hinweise zeigen können. Seine Landschaftsgedichte – um auf sie am Schluß wenigstens hinzuweisen – müssen weniger starke Spannungen beherrschen. In diesen weitausholenden Texten über die Schwäbische Alb oder die Nordsee nimmt der Dichter Urlaub von dem Schmerzlichen seines Lebensthemas. Sie wirken gelöster als die Gedichte auf Personen. Sie können zumeist auf den Widerstand vorgegebener Metren verzichten und passen sich freirhythmisch der Zeichnung der Phänomene an. In ihnen gibt es nicht nur die verläßliche Schilderung, in der Greve ein Meister ist, sondern auch epiphanische Momente. »So nah hängt der Westen / herüber«, beginnt das Gedicht »Schneesturm« und schließt mit der schönen Kadenz: »Noch stehen die Bäume / hölzern, da holt die Erwartung / Atem, der Boden dampft.« Die starre Tautologie (»Holz« / »hölzern«) löst sich im Zeilensprung auf zu Leben und Bewegung. Hier erledigt die Gestalt – mit Hofmannsthal zu reden – das Problem; auch jenes, das sich einstellt, wenn der Dichter antiker Form sich nähert, um sie für seinen Gebrauch zu verändern. Der »Unterton von Glück«, den Greve sich von seinen Gedichten erhoffte – hier ertönt er ganz rein. Er wartet auf Leser, die ihn zu hören verstehen.

Ikarus, Kassandra, graue Fee

Günter Kunerts Lyrik nach dem Utopie-Verlust

I

Ikarus ist mir lange Zeit als diejenige Figur erschienen, mit der Günter Kunert sich wieder und wieder identifizierte. Mehr noch: war der Dichter selbst nicht die Reinkarnation jenes Mannes, der einen Anlauf nahm »für das Unmögliche«? Aber »Fliegen ist schwer«. Kunerts Gedicht »Ikarus 64« hielt diesen Satz einer Epoche vor, die auf den Augenschein fliegender Maschinen verwies. Der Autor wirkte in seinem skeptischen Utopismus, der mechanisches und wahrhaftes Fliegen unterschied, wie unbelehrbar. Fast erging es ihm wie dem alten Herrn Metzenwetzler, von dem eine seiner schönsten Parabeln erzählt. Metzenwetzlers plötzlich entdeckte Fähigkeit zu fliegen bereitete ihm nur Schwierigkeiten. Einzig abends, hinter verhängten Scheiben, flatterte er in seiner Stube und stieß sich das Haupt blutig.

Indem er diese Parabel schrieb, entzog Kunert sich Metzenwetzlers Schicksal. Versehen mit einem befristeten Visum, verließ der Dichter die DDR. Er habe, erklärte er, zuletzt keine Zeile mehr geschrieben, weil er nicht mehr die Kraft für eine schöpferische Arbeit habe finden können. »Genosse Höpke soll die Familie Kunert und die entsprechenden staatlichen Organe verständigen. Paß für 3 Jahre. Einverstanden. E. Honecker, 8.10.79« – so stand es »in wuchtig ausufernden Schriftzügen« über einem Schreiben Kurt Hagers, das Kunerts Ausreisewunsch vortrug. »Staatsrat Belsazar«, wie Kunert ihn heute nennt, ließ den Propheten gehen, der ihm die Schrift an der Wand hätte deuten können.

Ein langer Ablösungsprozeß war dem vorausgegangen. Seine Stationen waren der Arbeiteraufstand 1953, die Prozesse gegen Harich und Janka, schließlich die Ausbürgerung Wolf Biermanns. Dazwischen, 1963, ein Jahr totaler Isolation: Kunert wurde wegen eines aufmüpfigen Filmes und einiger allzu deutlicher Gedichte zur Unperson und isoliert. »Die Konsequenz: Erbsensuppe«, heißt es lapidar in dem Erinnerungsbuch *Erwachsenenspiele*: Marianne – Kunerts Frau – »gewinnt der fast täglichen Erbsensuppe jeweils eine neue Geschmacksvariante ab«.

Erwachsenenspiele (1997) ist nicht bloß die Chronik von vier Jahrzehnten Schriftstellerleben in der DDR, das Buch erzählt auch – oft grimmig humoristisch –, was Kunert einmal lakonisch mit dem Stichwort »staatlich verpfuschte Kindheit« bezeichnet hat. Dem Schüler, der eine jüdische Mutter hatte, blieben in der Nazizeit alle weiterführenden Schulen verschlossen. Der mütterliche Rat, »sprich nie das Wort ›Moskau‹ aus, sonst werden wir abgeholt«, implantierte dem Jungen jenes enorm folgenreiche Ideal, dessen Widerruf Kunerts Schreiben der zweiten Hälfte des Lebens in Gang hält. Es ist die Arbeit eines Moralisten, der der »Gummizelle der Utopie« entkam. 1979 endete das erste Leben eines Poeten, den Johannes R. Becher entdeckt und Bertolt Brecht protegiert hatte. Ein Leben, das zuletzt von Repression und Schikane bestimmt gewesen war.

Solchem staatlich betriebenen *Abtötungsverfahren* setzte der Gedichtband von 1980 die Kraft des Erinnerns entgegen. Es war naturgemäß auch ein Blick zurück im Zorn: der Blick auf die zurückgelassene DDR wie auf die verlorene Utopie. Nun endlich schrieb Kunert jenen Klartext, der unter den Zensurbedingungen undenkbar gewesen war. Er reichte von den »Schlangen vor leeren Läden« und der »Brüderlichkeit in Zeitungspapiere / zum Einwickeln gedacht« bis zu den Limousinen des Staatssicherheitsdienstes vorm Haus. Daß diese Autos – »im Fond Marx Engels Lenin Stalin« – ironisch mit dem »Hauptquartier der Utopie in Berlin Lichtenberg« (dem Sitz des Ministeriums für Staatssicherheit) in Verbindung gebracht wurden, machte erst das ganze Ausmaß von Kunerts Verbitterung und Enttäuschung deutlich. Es hatte sich wahrhaft um einen *Belagerungszustand* gehandelt, den das Gedicht beschrieb – und dies über das Faktum von Bespitzelung und Einschüchterung hinaus. Kunert hatte die Dinge früher und illusionsloser gesehen als etwa Christa Wolf. Denn »belagert« wurde nicht bloß die Privatperson, sondern mit ihr die Literatur, das Gedicht, der »Widersatz« der »armen und zaghaften Worte«.

Es war das Heiligste, die Utopie gewesen, deren pervertierte Erscheinung das Stasi-Auto war; und so liefen Kunerts Gedichtschlüsse fortan auf die Resümees einer desillusionierten Geschichtsbetrachtung hinaus. In diesem Licht erschien die Vergangenheit der DDR und des Sozialismus als eine »kurze brutale Geschichte / voll langer lauter Versprechen« und die Geschichte überhaupt als eine Instanz, die nichts zurückbringt, »obwohl sie alles / unsäuberlich wiederholt«.

Vermutlich waren es diese »unsäuberlichen« und auch täuschenden Wiederholungen, die Kunerts utopischen Impetus so lange anreizten und ihn wachhielten. Denn erst nach seiner Übersiedlung in die Bundesrepublik war ein über Jahrzehnte bewahrter Geschichtsglaube an sein Ende gekommen. Doch ließ sich ein mit Hoffnung geschlagener Utopiker überhaupt von Hoffnung »heilen«? Und wäre solche Heilung nicht Tod – oder doch ein *Abtötungsverfahren*? Der Titel trifft diesen Punkt. Doch er ist nicht ohne tröstliche Ambivalenz. Er meint ja auch die Fähigkeit, die schlechte Vergangenheit dieser Abtötung zu unterziehen. Das Titelgedicht zieht Bilanz:

Ein Blick in die Zeitung
und einer ins Leben
Ein Gespräch mit den Stummen
und eine Rede von Tauben
Ein Entfalten der Flügel
und die Aussicht in Mündungen
Ein Versuch die Hand auszustrecken
und das Berühren von Eisen
Eine Tüte von Angst
für das Dasein als Körper
gründlich einverleibt
der Leichengemeinschaft

Erst ein Ausflug ins Jenseits
dann eine Rückkehr ins Nichts

Natürlich war dies »Nichts« nicht Kunerts letztes Wort. Ikarus, ins Exil wie in eine fremde Heimat gestürzt, machte

Bilanz, entmythologisierte sich selbst und gewann eine erweiterte Perspektive. Kunert schrieb die Prosa *Verspätete Monologe* (1981). In ihnen ist noch einmal vom Fliegen die Rede; aber diesmal ganz unparabolisch. Im Flugzeug, zwölftausend Meter über der Wüstenlandschaft zwischen Texas und Kalifornien, überkommt den Betrachter mit dem »Kleinheitsempfinden« gegenüber der »rasch umrundbaren Kugel« so etwas wie Rührung: »Ja, ich war gerührt, weil sie so winzig war und darum viel gefährdeter, als man es gedacht hatte. Die totale Zerstörbarkeit, in diesem Moment wurde sie offenkundig.« Und das anschließende Resümee ist nichts anderes als ein melancholischer Widerruf: »Das dem Fliegen einstmals zugeschriebene Freiwerden von Erdenschwere erwies sich als Legende, als Irrtum: Nichts von Freiheit, von göttergleichem Aufschwung – nie war mir Ikarus so fern wie während des Fluges, Kassandra so nahe.«

Das war – nach Form und Duktus – in Prosa gesprochen, als Ernüchterung gemeint. Es galt auch für Kunerts Lyrik.

II

Stilleben, der Titel des 1983 erschienenen Gedichtbandes, konnte als harmlos mißverstanden werden. Doch wiederum war es ein ambivalenter Titel. Kunert hatte den Begriff »Stillleben« beim Wort genommen; nämlich – im Sinne von »nature morte« – als tote Natur, als stillgestelltes Leben. »Nature morte« ist auch der Titel eines Gedichts, das eine in fader Wiederholung entleerte Welt zeigt:

> Am Ende sind die Taschen leer
> wie am Anfang. Und
> über das Fensterbrett zieht
> das apokalyptische Herr der Ameisen schon.
> Die nächsten Herrn der Erde marschieren
> in gleicher Gedächtnislosigkeit
> auf deinen Spuren voran.

Trostlose, negative Befunde? Gewiß. Doch wer sich der Wiederholung widersetzt, dessen Taschen müssen nicht leer bleiben. Nicht daß die Leere paradox in Fülle umschlüge – derlei poetische Dialektik erschien Kunert mehr denn je verdächtig, ein Dichter-Erschleichnis. Aber die Reduktion der Hoffnungen führt doch zu einem Kern. Darauf verweist das »Widmungsgedicht für M.« (also für Marianne, Kunerts Frau), das nicht ohne Pathos die Beziehung zweier Menschen als das einzig Überdauernde feiert:

> *Zweieinigkeit* steht über uns geschrieben –
> dabei ist keine Spur von Blasphemie:
> Mehr ist von allem andern nicht geblieben
> und schließlich überdauert auch bloß sie.

Wer diese Verse ernst nimmt, wird die geschichtsphilosophischen Desillusionierungen des Bandes behutsamer lesen: als vorletzte Warnungen und nicht als Ultimaten. Im Reden ist immer noch Menschheit, und das Gedicht ist mehr als der rohe Schmerzenslaut.

Unübersehbar wird nun auch die theologische Implikation von Kunerts Lyrik, die Neigung zu einer säkularisierten Gnosis. Der »Zweieinigkeit« des Menschenpaares kontrastiert die Auffassung von der Fehlkonstruktion des Menschen. Das wird zur oft wiederholten Botschaft, obwohl doch eines der Gedichte formuliert, es gebe nichts mehr zu künden. Der Mensch erscheint als »ausgesetzte Fehlgeburt / verwaist von Grund auf«; als »Wesen, das sich selbst verschlingt« und das nach seinem Auszug aus den Höhlen von Lascaux sich selbst vergessen und die Welt verheert hat. Daß der Mensch dem Menschen übler mitspielt als ein Wolf, gehört in Kunerts Vorstellung vom Kreis, der noch nicht geschlossen sei.

Zwar sammelt Kunert im archäologischen Rückblick auf die verfehlte Fortschrittsgeschichte noch einmal die alten Bilder und Mythen zwischen Babel und Troja ein. Doch unter seinem melancholisch prüfenden Blick verlieren sie ihre glatte Anwendbarkeit. Wenn die einzelne Untat zur massenhaft-unzählbaren wird, vermag das Menetekel nicht mehr zu treffen: »Von einem Menetekel, das wen wohl betrifft / ist daher hierorts nichts bekannt.«

Mit solchen Befunden führt Kunert sich poetisch in die Enge. Wenn die Welt zur »nature morte« stillgestellt ist, kann auch das schreibende Ich sich der Verdinglichung und Selbstentfremdung nicht ganz entziehen. Kunerts Weltdiagnose überzeugt dadurch, daß das lyrische Ich seine Beschädigung nicht verleugnet, sondern vorweist und analysiert. So entstehen Selbstporträts, denen gewissermaßen das »Selbst« abhanden kam. Zurück bleibt der physiologische Befund, der das Subjekt zum »Corpus delicti« macht: »Wie deine Person sich anfühlt / bist du nur aus Gewohnheit / ein Gegenstand / des täglichen Gebrauchs und nicht einmal / des Bedarfs.«

So übt der Dichter Mimikry, um in einer sterbenden Welt zu überleben. Er paraphrasiert Benns Motiv vom »verlorenen Ich«; nicht als ästhetischer Solipsist, sondern immer noch als Poet, der für alle sprechen möchte. Um sein Vanitas-Motiv zu formulieren, borgt er sich ein barockes Pathos:

Auch ich: erstorbener Vulkan,
umweht von Stunden, leer, vertan,
der Gipfel längst kein Göttersitz,
dem Haupt entflohen jeder Witz:
Kein Traum, kein Denken und kein Samen.
Verloren: Ich. In aller Namen

In *Stilleben* hatte es, in der Rubrik *Mein Troja*, ein paar eindrückliche Berlin-Gedichte gegeben. Darunter »Vision an der Oberbaumbrücke«, die Vision von einem untergehenden Berlin:

Du wirst versinken und vergehn
wie andre Städte einstens auch:
Berlin – auf Nimmerwiedersehn.
Verfall zu Staub. Steig auf als Rauch.

Kunerts nachfolgender Band *Berlin beizeiten* (1987) liest sich als Variation dieses Gedichts. Er läßt das Berlin-Thema dominieren. Ja, er beutet es aus, indem er das Thema der äußerlich betriebsamen Stadt als einer Nekropole eine Spur zu oft abwandelt.

Doch nicht um künstlerische Einwände geht es; Kunert neigt auch sonst zu Paraphrasen seiner Motive, da schon die Zahl seiner Themen zusammenschnurrt. Entscheidend ist nicht, ob Kassandra recht behält; und Propheten widerlegt man nicht. Was sie sagen, steht immer noch aus. Nun ist Kunert nicht

Prophet, sondern Dichter; und als solcher hält er sich einen Ausweg offen: »Das letzte Gedicht über Berlin / wär auch das Ende vom Lied.«

Mit *Berlin beizeiten* und seinen autobiographischen Reminiszenzen gönnte Kunert sich den Aufschub der Frage, wie lange die apokalyptische Drohung zu ästhetisieren ist – wie tödlich ernst es der Dichter meint. Wenn die Gestalt das Problem auch nicht erledigt – vielleicht hebt sie es auf, und der Autor balanciert weiter auf dem schmalen Grat zwischen Prophetie und Poesie.

III

Fremd daheim – auch dieser Titel (von 1990) klingt ambivalent. Worauf liegt der Ton: auf der Fremdheit oder der letztendlichen Geborgenheit? Das Eingangsgedicht schildert eine meernahe Landschaft, wohl die holsteinische, die zu Kunerts neuer Heimat wurde. Hier bezieht er seine Beobachtungsposition:

> Im blinden Auge des Orkans
> schweigt schreibt und bleibt
> das eingefleischte fremde Ich
> selbst unberührt

Ein bemerkenswertes Bild. Der Dichter im stillen Zentrum des Orkans – ein moderner Hieronymus im Gehäus. Nur eines stimmt nicht: die Wendung »selbst unberührt«. Die wollen wir Kunert nicht abnehmen. Sie ist Attitüde, an die er vermutlich selbst nicht glaubt. Er operiert mit dem Gestus der Impassibilität, um weitermachen zu können. Anders müßte er verstummen oder in bloße Routine verfallen.

Kunert verstummt nicht; bleibt das Problem der Routine. Kunert entgeht ihr nicht immer. Auch dem Apokalyptiker gehen die Motive aus, Variationen kommen an ein Ende. Andererseits darf der Lyriker immer wieder neu ansetzen und mit Reprisen arbeiten. Zumal wenn ihm die Geschichte, etwa durch den Kollaps der DDR, zu Hilfe kommt.

Dieser Kollaps erregt das historische Verlustgefühl. Noch einmal schreibt Kunert lyrische Nachrufe auf Marxismus und

Sozialismus. Lenin erscheint ihm in Manhattan, »zeitunglesend am Stand / mit alten Kleidern«: »Der halbblinde Blick / nimmt Kenntnis vom Abschluß des Experimentes. Ergebnis: Null.« Nur ist das nicht die vollständige Bilanz. Das Gedicht endet:

> Hier gute Ware aus zweiter Hand!
> ruft er jetzt
> aber so leise, daß nur
> er selber es hört.

Eine Wendung gegen Unbelehrbare oder gegen die ideologischen Wendehälse? Kunert ist auf der Hut, sein Mißtrauen spürt den raffiniertesten Verkleidungen der einstigen Heilslehre nach. Freilich zeigt gerade das Lenin-Gedicht, wie tief die Prägung war und wie tief die Verletzung.

Kunert ist mehr noch als Enzensberger betroffen von der Hegelschen Furie des Verschwindens. Bei ihm ist es die Furie Vergangenheit, verkleidet als Fee, die bösen Zauber übt:

> Sie hebt die Hand: Und alles Licht
> wird grau und nimmt ihr Alter an.
> Und nimmt so jeden in die Pflicht
> der sich an sie erinnern kann.

Gilt hier der Satz: Was benannt ist, ist gebannt? Vielleicht in diesem Sinne fühlt Kunert sich »in die Pflicht« genommen: nämlich das Grauen der Sinnlosigkeit aufzuheben, durch Erinnern zu vertreiben. Mnemosyne hätte sich dann ins Gewand dieser bösen Fee gehüllt – und der Dichter wäre derjenige, der den bösen Zauber bricht. Er tut es nur zu früh – moralisch, per Dekret, nicht durch ästhetischen Gegenzauber.

So entgeht Kunert nicht der Gefahr, daß die graue Fee seine Gedichte einholt, sie redselig und spannungsarm macht. In seinen besseren Stücken gelingt ihm ein Stück unkorrumpierter Sprache – ein Gedicht, das ein »Ereignis« ist (und auch so heißt). Es spricht über Gedichte und spricht zugleich über mehr und anderes. Im Bild vom Garten, vom Gras bewahrt es eine Hoffnung auf, die theologisch längst verloren scheint:

> Wie ein Gedicht
> durch den Garten geht

noch einmal gen Abend hin.
Hinter ihm richten die Halme
sich wieder auf und verweigern
die Spur.

Coda

Was man Altersstil nennt, gibt es vielleicht nur noch in der Lyrik – einen Stil, fit und sec, wie ihn der alte Benn charakterisierte. Zum späten Eich, zum späten Krolow tritt Ende der neunziger Jahre der »späte« Kunert. »Spät« meint nicht müde, sondern auf eine besondere Art munter. Kunert führt uns 1999 in eine *Nachtvorstellung*. Er läßt die Fürstin der Finsternis, die dort regiert, sagen: »In neunzig Minuten vergehen Jahre und Jahrzehnte.« Auf neunzig Seiten zieht der Dichter Bilanz, die – bei allen tristen Befunden – einen Ton der Aufmüpfigkeit hat, eine robuste Sinnlichkeit, eben die Kühnheit des Alters.

Auf Alterswürde und -weisheit wird verzichtet. Auch Kalauer versprechen Erkenntnisgewinn. Gleich die erste Abteilung tönt »im Klassikerjargon«, anstatt gipsernen Klassizismus anzustreben. Der Reim packt zu: »Wach auf, Verdammter aller Leiden – / Unsterblichkeit läßt sich vermeiden.« Dabei wirkt der Dichter nicht wie der Fuchs, dem die Trauben zu hoch hängen. Er bedient sich bei den Klassikern und verwandelt das Carpe diem des Horaz in den munter-desperaten Zuruf, die Tage bis zum letzten Tropfen Saft zu melken. Er zitiert Ovid, doch alle Liebeskunst ist nun eine Sache des barocken Memento mori: »Morgen sind wir bloß noch Knochen, / darum rasch ins Bett gekrochen.«

Wer so gelassen auf die Eitelkeit aller Dinge blickt, kann für Zeit und Geschichte nicht mehr die alte Verzweiflung aufbringen. Also nicht das alte Pathos. Last und Lust des Erinnerns beginnen ihn zu verlassen: »Wie bloß hieß der letzte byzantinische Kaiser? Und / der erste Generalsekretär?« Natürlich haben solche Fragen ihre eigene Ironie. Auch Kunert kennt das Bennsche »Ecce historia« und sieht in der Geschichte vor allem den aufrechten Gang des »Tyrannosaurus rex«. Doch er benennt die deprimierenden Konstanten wie nebenbei, wie aus Pflichtgefühl – was seiner Poesie nicht immer bekommt.

Was ihn poetisch in Rage bringt, ist eher das signifikante Detail, mehr noch: die Lust zur Polemik. Dichter können einander spinnefeind sein, sie schreiben vielleicht einen Verriß des Kollegen, nehmen ihn aber nicht – was die größere Ehre ist – ins Gedicht. Kunert dagegen läßt den Schatten von Stephan Hermlin in einem der Gedichte spuken und schreibt die Verspolemik »An einen ostalgischen Dichter«. Sie zielt, kaum verschlüsselt, auf Volker Braun. Kunert, selbst der »Gummizelle Utopie« entkommen, sieht den Kollegen immer noch in ihr gefangen. Wie zahm oder scharf, gelungen oder verfehlt man solche Xenien findet – wo die politische Polemik ins Stadium der Poesie tritt, wirkt sie an ihrer Aufhebung mit. Aber was ist Aufhebung im Gedicht? Leichtermachen – oder Aufbewahren?

Lethe und Memoria

Dem Dichter Robert Schindel zum Mörikepreis

I

Als ich darüber nachdachte, welcher Text uns ins Zentrum von Robert Schindels Werk führen könnte, bin ich immer wieder auf *ein* Gedicht zurückgekommen. Es bedient sich der traditionsreichsten Form abendländischer Poesie, einer Form, die auch Mörike mehrfach benutzt hat, und handelt zugleich von einem Thema, dessen Poesiefähigkeit oft bestritten worden ist. Es ist ein Sonett und steht in einem Buch, dessen Titel und Untertitel etwas von dieser enormen Spannung verraten: *Ohneland* lautet der Titel und »Gedichte vom Holz der Paradeiserbäume« der eher versöhnliche Untertitel. Das Gedicht, das ich im Auge habe, trägt den Titel »1. Splitter Kindheit«.

Da war die Kindheit, war ein Mordstheater
Zuerst erwürgten sie mir glatt den Vater
Dann kam die Mutter zruck aus dem Kazett
Streichelte mich ins ICH, doch ich war weg.

Vagabundierte durch die Leidenschaften
Sodass die Schulen als die Zitadellen
Des Lebens stürzten. Und sie schafften
Des Aufruhrs Winde, des Versagens Wellen

Und prallte ab bei Menschenkindern
Stieß rasch hinein in solche Roten Träume,
Sodass Parolen mich umküßten aus Genossenmündern.

Bis in die Kindheit runter werfen Marx- und Leninbäume
Die Zukunftsschatten, welche meine Gegenwart
verhindern:
Rauchnasenkinder zeug ich mir vom Stein der Vatersteine.

Ein Stück Kunst, aber kein Kunststück; nämlich, trotz Sonett-Form, nichts Glattes oder bloß Regelgerechtes. Sondern ein

Stück Leben: einer von *vielen* Splittern dieser Existenz. Es bezeugt das Wunder, das den Schreibenden befähigt, seine Verletzung in Kunst zu verwandeln.

Dahinter verbirgt sich die Prosa des Lebens. Sie spricht selbst in der quasi objektiven autobiographischen Form eine andere Sprache; mit des Autors eigenen Worten: »Ich bin ein Wiener Jude. Ich bin am 4. April 1944 in Bad Hall in Oberösterreich zur Welt gekommen, unter dem falschen Namen Robert Soël. Meine Eltern waren als elsässische Fremdarbeiter getarnt und arbeiteten für eine kommunistische Widerstandsgruppe in Linz. Im August 1944 flog die Gruppe auf, meine Eltern wurden nach Auschwitz deportiert. Mein Vater wurde ein halbes Jahr später in Dachau hingerichtet, meine Mutter hat Auschwitz und Ravensbrück überlebt und ist dann nach Wien zurückgekehrt, wo sie heute noch lebt.« Nachzutragen ist: Das Kind überlebte, da es »als Waise asozialer Eltern unbekannter Herkunft« in einem nationalsozialistischen Kinderheim versteckt worden war.

Was Schindel hier ausspart, ist nicht bloß die eigene spätere Entwicklung, sondern vor allem die tiefe Verstörung seiner Existenz. Sie spricht einzig das Gedicht aus. Und kann es nur aussprechen als Groteske: Wirklichkeit erscheint als böse Veranstaltung, als Alptraum eines »Mordstheaters«. Auch die Liebe der Mutter vermag die Verletzung nicht zu heilen. Im Gegenteil: Indem ihre Liebe dem Kind sein ICH schenkt – ICH übrigens großgeschrieben, als Instanz –, übergibt sie ihm ein Danaer-Geschenk: Das ICH wird zum Ort des Leidens, den das Kind flieht, fliehen muß. Der unreine Reim der Zeilen zeigt, daß es nicht gut werden konnte: »Dann kam die Mutter zruck aus dem Kazett / Streichelte mich ins ICH, doch ich war weg.«

Wie lange dieses ICH »weg« war, demonstriert das Gedicht im weiteren, wenn es die »Leidenschaften«, die »Schulen«, die »Roten Träume«, die »Marx- und Leninbäume« aufreiht und auch die »Zukunftsschatten, welche meine Gegenwart verhindern« – alles Elemente, die wir in Schindels persönlicher und politischer Biographie wiederfinden: die Jahre des politischen Engagements in der Kommune Wien, die Absage an den Marxismus und die Rückkehr – wenn nicht zum Glauben, so doch zur Tradition der Väter. Darauf verweist auch der schöne und rätselvolle Schluß des Gedichts, die Zeile: »Rauchnasenkinder zeug ich mir vom Stein der Vatersteine.« Es sind phantastische, aber auch unheimliche Gebilde, diese »Rauchnasenkinder«, Luftgeburten, die an den Rauch der Öfen erinnern.

Ich will nicht mit Statistik langweilen, aber in *Ohneland* finden sich immerhin 8 Gedichte, die »Splitter« im Titel tragen. Sind es Splitter als Elemente der Verwundung? Oder Splitter von etwas Kostbarem und Schönem? Ist das Gedicht die Wunde oder ihre Heilung? Sagen wir – mit dem Untertitel des Buches – es sind Splitter »vom Holz der Paradeiserbäume«. Was anderes läßt sich darüber Besseres sagen als dies:

> Die Sehnsucht nach dem Paradies
> Ist unverständlich wie der Name
> Doch fragst du mich genauer, sag ich dies:
> Sie ist das Nüchterne noch ganz im Wahne.

Diese Nüchternheit, die in einer buchstäblich ver-rückten Welt auf die vollen roten Früchte der Paradeiser aus ist, die wir prosaisch Tomaten nennen, ist das Element der Poesie. Der Lyriker Robert Schindel hat sich diese phantastische Nüchternheit in all seinem Dichten abverlangt. Er hat zugleich gewußt, daß er dieser Poesie noch einen breiteren Hintergrund geben mußte, einen epischen Rekurs auf die tollwütige Historie. Prosa also, einen Roman.

II

An diesem Roman muß Schindel lange gedacht und geschrieben haben. Scherzhaft hat er gesagt, er habe den Roman nur geschrieben, um ein für alle Mal zu beweisen, daß er ein Lyriker sei. Die salvatorische Ausflucht mißlang. Denn *Gebürtig,* eine deutsch-jüdische Geschichte, wurde ein ganz ausgezeichneter Roman, scharf in seiner Analyse, schwarz in seinem Humor, zudem erfüllt von tiefem Mitgefühl.

Der Titel des 1992 erschienenen Romans verweist auch auf das Syndrom der Herkunft, des Autors nämlich wie unserer, auf das, was Juden und Nichtjuden trennt und verbindet; nicht bloß Schuld und Unschuld, sondern auch »Mitschuld und

Mitunschuld auch«, wie es einmal im Roman heißt. *Gebirtig*, Herrmann Gebirtig, so heißt eine seiner Personen: ein exilierter jüdischer Schriftsteller, der nach Wien zurückkehrt, um in einem der letzten großen Prozesse gegen einen KZ-Wächter auszusagen. Dazu überredet hat ihn Susanne, die Tochter eines ehemaligen Häftlings, der seinen Peiniger Anton Egger vor seinem Tod wiedererkannt hatte, ehe er an einem Herzinfarkt starb.

Aber nicht diesem Erzählstrang will ich folgen, sondern – wenn auch nur mit einer Andeutung – einem anderen: Emanuel Katz. Auch er ein Schriftsteller und im Roman der Erzähler jener Geschichte, die mit dem Prozeß gegen Anton Egger endet; zugleich selbst Protagonist dieser Geschichte. Sie handelt von seiner merkwürdigen Freundschaft zu Konrad Sachs, einem arrivierten norddeutschen Kulturjournalisten, den eine lange verdrängte Herkunft einholt: Konrad ist der Sohn des in Nürnberg hingerichteten Generalgouverneurs von Polen, und daran geht er physisch wie psychisch fast zugrunde. Im ersten näheren Gespräch, als Sachs seine Scham eingestanden hat, sagt Katz: »Ich wünsch mir einfach unverkrampftes Reden. Ich meine, nicht diese ständigen Rechtfertigungssuaden« – um dann fortzufahren: »Im übrigen ist das Reden von der Scham auch eine Art Rechtfertigung.«

Der Roman zeigt, wie die Rechtfertigungsmechanismen des Konrad Sachs katastrophisch, zuletzt aber kathartisch zerbrechen, und wie er lernt, sich vor der Welt zu seinem Vater zu bekennen, indem er darüber einen Artikel und sogar ein Buch schreibt. Wo Katharsis ist, gibt es Hoffnung. Diese Hoffnung – auch das zeigt der Roman – ist nicht bloß eine Sache der Poesie, sondern auch, zumindest in diesem Fall, Wirklichkeit. Schindel erzählt, mit aller poetischen Freiheit, eine authentische Geschichte: die von Niklas Frank, des Sohnes jenes fürchterlichen Hans Frank. Mehr noch: er widmet ihm ein Gedicht, »Dem Täterkind«:

Und der Lasten alle
Sie zu tragen und sich nicht
Begraben
Lassen macht schon
Leben heute

Und verbindet uns
Schon von den Öfen her
Neben den andern
Und fröhlichen Dingen

Man darf den zögernden, stockenden, reimlosen Ton dieser Zeilen nicht überhören. Hier haben wir die Quintessenz des Romans, aber auch – mit dem von Schindel hochgeschätzten Paul Celan – eine *Atemwende*.

III

Wenn von diesen »andern und fröhlichen Dingen« die Rede sein soll, dann vor allem von der Liebe und ihrem Troubadour. Liebesgedichte, erotische Gedichte ziehen sich durch sämtliche Gedichtbücher. Schindel besingt die Liebe, ihr Versagen, ihre Erfüllung, in vielen Tonarten. Doch alle Verse sind Paraphrasen eines einzigen Seufzers, den das lyrische Ich eines Abends angesichts der Frankfurter Skyline und des gestirnten Himmels darüber ausstößt: »Aber wir. Ach wir. Wir beide / Zuluste und zuleide.«

Zumindest als Poet ist Schindel alles andere als ein Bruder Leichtfuß; was schon aus der fast buchhalterischen Lust erhellt, seine Seligkeiten und Desperationen, seine »Lieb«- und »Sehnlieder« aufzulisten und von Buch zu Buch durchzunumerieren. In dem Band *Immernie* finden wir vom »Lieblied« die Nummer 24, während das »Sehnlied« bei Nummer 9 hält; die problematische »Nullsucht« freilich bei Nr. 14. Man darf das ein erfreuliches Verhältnis nennen. Das »Lieblied 19« verrät uns sein Geheimnis in einer dem Titel beigegebenen Klammer: »Haben doch sieben Leben« – sind es sieben Leben also für die Liebe? Das Gedicht – wie so oft ein Sonett – gibt die Antwort: »Wir müssen vorsichtig sein mein Lieb / Das verlangt unser Realitätsprinzip.«

Aber keine Sorge: der Dichter unterwirft sich nicht dem Realitätsprinzip. Denn dessen Mißachtung macht die Liebe und das Liebesgedicht erst möglich; möglich als Lebens-Ausnahme, als den einen vollkommenen Augenblick, als Epiphanie. So in der wunderbaren ersten Strophe von »Lieblied 10«:

Und wenn dein Lächeln aufgeht
Schweben mir quer durch die Pupille
Wolken himmellos
Unten der Donaukanal steht.
Meine Glocken heben an, nackt und bloß
Kommst du über mich
Mitten in die Stille

Mit dem »Und« (»Und wenn dein Lächeln aufgeht«) öffnet sich die Epiphanie, das Erscheinen des Göttlichen im Augenblick; und aufgeht ein Lächeln von Rilkescher Zartheit – »Lächeln Lächeln du hast es gekonnt«, heißt es einmal bei Rilke. Robert Schindel aber läßt den Moment nicht im Gefühligen, er befestigt ihn in der Wirklichkeit: »Unten der Donaukanal steht.« Das Stagnieren des Kanals verbürgt die Wahrheit des Moments; gibt dem erotischen Geschehen seine Dynamik, seine Unwiderstehlichkeit: »Meine Glocken heben an, nackt und bloß / Kommst du über mich / Mitten in die Stille.«

Das ist zart und großartig zugleich; ein Glücksmoment in der Lyrik. Ich nannte Schindel einen Troubadour und will damit sagen, daß er auch über derbere Töne verfügt; über Töne, die an Villon, Rimbaud oder Brecht geschult sind. Dort traktiert er den Reiz und die Vergänglichkeit der »Sekundenbrüste und Minutenlenden«, dort steht er aber auch als Harlekin neben dem Geschehen und beteuert, »daß ich mich weiger, deinen Zauber auszumerzen / Durch Scherze hinter Scherzen mir, ich Harlekin.« Also doch ein Gespaltener, zutiefst Zarter.

Von fern erinnern solche Passagen an jenen Dichter, der sich genötigt sah, einen Zauber, dem er kaum widerstehen konnte, auszumerzen: »Und mit weinendem Blick, doch grausam, / Hieß ich das schlanke, / Zauberhafte Mädchen / Ferne gehen von mir« – kein anderer also als Mörike. Wir kennen diese Zeilen aus dem Peregrina-Zyklus. Ich widerstehe der Versuchung, Bezüge Schindels zu Mörike herzustellen. Da aber die neuere Forschung Mörike mit dem Symbolismus eines Baudelaire in Verbindung bringt, dürfte der Rückbezug vom Modernen her gar nicht so schwer sein. Leicht herzustellen ist eine Beziehung des Sonettschreibers Schindel zum Formkünstler Mörike, ja zum Verfasser der *Classischen Blütenlese.*

Hier nur ein Wink für künftige Schindel-Philologen: »Lieblied 12«, darin es heißt »Ich Harlekin rühre mühsam / Steigend die Trommel«, ist eine schulgemäße sapphische Ode.

IV

Doch zurück in die Gegenwart; zurück in Zeitgeschichte und Politik; zurück zum aktuellen Robert Schindel, der kein politischer, aber von Politik betroffener, an Politik interessierter Dichter ist, ein Dichter, der nicht vergessen kann und deshalb von Lethe sprechen und dichten muß. Und wenn er Lethe sagt, meint er das ganz und gar nicht gymnasial-bildungsmäßig. Auch den Titel des folgenden Gedichts meint er nicht so – obwohl »Vineta« für alle versunkenen Städte steht, ist das Wien, das Schindel hier konterfeit als ein versunkenes immer noch gegenwärtig, geschichtswirksam, problematisch, eben ein Syndrom.

Vineta 1

Ich bin ein Jud aus Wien, das ist die Stadt
Die heiße Herzen, meines auch, in ihrem Blinddarm hat
Die schönste Stadt der Welt direkt am Lethefluss
Ich leb in ihr, in der ich soviel lachen muss

Einst Welthauptstadt des Antisemitismus ist sie heute
Vergessenshauptstadt worden. In ihr lachen Leute
Die für das nackte Leben grad gnug Tränen haben
Sitzen in der Dunkelküche, eine halb Welt geladen

Dies Wien liegt dennoch nicht im Österreiche
Und wer noch glaubt, dass diese Stadt, die herzensbleiche
Dem Land der Hauptsitz ist vom schroffen Alpenbunker
Der soll vom Transalpinen kommen da herunter
Möge uns geben den Devisenklunker
Und in der Hofburg riechen Östreichs beste Leiche

Ach diese Stadt ist nicht fürs Alpenglühen da
Sondern sie lebt, wie ich, längst in Diaspora

Das mit der Diaspora – ganz kann es nicht stimmen. Es sei denn, man will an die seinerzeitige Selbst-Isolation von Haider-

Land denken. Wie auch immer: Das Gedicht von 1992 klingt immer noch aktuell. Verdrängen und Vergessen sind gewiß keine Wiener Spezialität, zeigen aber in Wien eine spezifische Ausprägung. In einem anderen Wien-Gedicht spricht Schindel vom »Lethefluss«, der »unserem Vergessenskaiser wäscht die Zehen blutig«. Namen tun hier nichts zur Sache, obwohl Schindel sich nicht scheut, Namen zu nennen. In einem der Glossare, die er seinen Gedichtbänden mitgibt, um den Lesern seine geliebten Austriazismen zu erklären, steht nach »Strizzi«, »Tarock« und »Währing« das Stichwort »Waldheim«; und wir lesen: »Waldheim, Kurt, umstrittener österreichischer Bundespräsident« und dann, in Klammern: »(wegen seines Gedächtnisses«).

Die Dichter, die das Vergessen suchen, sind auch diejenigen, die nicht vergessen können. Vielleicht ist das überhaupt ihre entscheidende Fähigkeit. Und ein Letztes zu Wien: Schindel vergißt durchaus nicht, was diese Stadt für ihn bedeutet. Nennt er doch Wien »Meine Wortheimat, mein Wien am Donaufluss.«

Lethe oder Memoria. Wir verfügen heute über wahrhaft ungeheure Speicherkapazitäten. Was wir in unseren Speichermedien speichern, dient oft nur dem Versuch, das Gespeicherte aus unserem eigenen Gedächtnis auszulagern, zu verdrängen. Das Gedicht, die Poesie überhaupt ist das Medium der Erinnerung. Mnemosyne – Gedächtnis, Erinnerung – war den alten Griechen die Mutter der Musen. Robert Schindel ist ein Dichter, der uns hilft, uns zu erinnern. Nur so können wir heilsam vergessen.

Sein Band *Immernie* (2000) verweist schon im Titel auf das Paradox der Poesie, die Lethe und Memoria zugleich ist. Deutlicher als in früheren Bänden kommt Tagesgeschehen ins Spiel, der Bosnienkrieg vor allem. Der Dichter spart nicht mit Kommentaren. Aber manchmal genügt ihm der Augenschein, der Schnappschuß: »Um einen Tisch / Deutsche Soldaten im Tarnanzug / Mittags Mitte Mai neunzehn / Siebenundneunzig. Sie / trinken Cola«. Er muß dieses Bild Cola trinkender deutscher Soldaten nicht kommentieren. Die beiläufige Notiz wird zur Chiffre eines säkularen Weltalltags.

Das bedeutet nicht, daß die geschichtliche Perspektive ihn

nicht interessierte. Brecht und Benjamin sind ihm immer noch für Anspielungen gut. Nur daß Ironie den geschichtsphilosophischen Ernst imprägniert. »Ich bin so zugeneigt den Ebenen«, heißt es einmal, mit einer Verbeugung gegen Brecht. Auf die Mühen dieser Ebenen zielt die Einsicht: »Heute müssen die Deserteure / In den Ebenen sich verbergen«.

In wessen Namen kann man heute noch desertieren? Für die Postmoderne ist das eine anachronistische Frage. Für Schindel nicht. Er hält an der prinzipiellen Hoffnung fest, in den »Maserungen der Ebene« der allgemeinen Planierung zu entgehen. Mehr: Er formuliert die apokalyptische Vision von einem Sturm, der neue Verwerfungen – und damit Zukunft – erzeugt: »Über die Ebenen geht er / Faltet sie, faltet sie wieder«. Ich wüßte heute keinen Dichter, dem Benjamins Engel der Geschichte so wenig eine überholte Metapher ist wie Robert Schindel.

Emil oder Die Engel
Zu den Gedichten Alfred Brendels

Vom Zeigefinger zum Fingerzeig

Gewiß ist aus Schlaf und Traum Großes in der Poesie entstanden; am ehesten aber doch, wenn die taghelle Nüchternheit des Kalküls hinzukam und einen *modus operandi* lieferte. Andererseits hat man von einem Dichter gehört, der am hellichten Tag die Stimme eines Engels vernahm, der ihm den Eingangsvers einer Elegie diktierte. Die Sache mit dem Engel (Rilke) wie die Geschichte vom Raben (Poe), der einem traurigen Liebhaber das benötigte »nevermore« zusprach – das sind schwere Mythen, mit denen wir uns oft die Faszination von Gedichten erklärt haben. Wir repetieren sie mit einem Augenzwinkern. Nicht so feierlich! denken wir. Ein wenig Selbstironie, etwas höhere Heiterkeit hätte nicht geschadet.

Sie spricht aus den Gedichten Alfred Brendels. Da fügt es sich gut, daß wir auch von ihm ein Zeugnis haben, wie Gedichte entstehen. Wie zumindest das erste Gedicht entstand: nämlich im Halbschlaf. Das Dämmern ermöglicht eine spezifische Aufmerksamkeit, die Eindrücke und Phantasien zusammenführt und einen trainierten Intellekt zum Spiel animiert. Doch statt eine Poetik des Dämmerns zu liefern, lassen wir lieber den Dichter selbst sprechen. In *Ausgerechnet ich* (2001), seinen Gesprächen mit Martin Meyer, erzählt er: »Es überraschte mich in einem Flugzeug nach Japan, wo ich nicht richtig schlafen konnte und im Halbschlaf dann das erste Gedicht aus dem Band ›Fingerzeig‹ aus mir herauskam.«

Das Gedicht, dessen Geburt da beschrieben wird, handelt von dem Pianisten, der einen dritten Zeigefinger entwickelt, der ihm zum »Hinzeigen« dient, wenn beide Hände beschäftigt sind. Der dritte Zeigefinger führt ein dämonisch-groteskes Eigenleben. Er schießt aus der Nase, um einen Huster im Saal bloßzustellen, kriecht aus Frackschößen und Hemdkrägen und richtet sich sogar gegen seinen Besitzer, indem er – wahrhaft demonstrativ – gegen dessen Schädeldecke klopft. In seiner witzigen Bosheit läßt das Gedicht sich als Unlustabfuhr eines strapazierten Konzertpianisten lesen. Wäre es bloß dies, wäre es ein Solitär geblieben – und nicht der Anfang eines poetischen Œuvres in drei Einzelbänden und einer Art Gesamtausgabe. Der dritte Zeigefinger wurde zum Fingerzeig. Das surreale Motiv brachte die elementare Lust der Erfindung in Gang. Der große Pianist hatte der Poesie einen überzähligen, ihm zugewachsenen Finger gereicht. Er hatte sich einmal als Poet gegeben, und schon – wir wissen, was die Poesie dann tut.

Um aber kommandieren zu können, brauchte sie Stimme und Gestalt. Nicht das obligate lyrische Ich, das in Brendels Fall leicht als autobiographisch hätte verstanden – mißverstanden werden können. Der eben berufene Poet übernahm durchaus die Regie. Er schuf sich Masken und Stimmen. Was im Halbschlaf erschien, erhielt einen Namen. Einen unauffälligen, einen Allerweltsnamen: Emil.

Emil und der Dadaist

Emil, der bereits im dritten Gedicht von *Fingerzeig* (1996) auftaucht, ist eine Art Kobold, der sich in Abständen zeigt. Er führt dem Dichter »gewissenhaft« die Hand zu »jener Mischung von Unsinn und Tiefsinn«, die für ihn typisch ist. Emil ist die erste und wichtigste in einer Reihe von Figuren, die Ungewöhnliches tun und allerlei Schabernack treiben. Ihn dürfen wir uns als den Dichter im Dichter vorstellen. An ihn delegiert Brendel, was seine Produktion ermöglicht. Emil tritt mehrfach auf: als *l'homme machine* mit demontierbaren Flügeln, aber auch als Vampir, der es selbst auf seinen Herrn abgesehen hat: »Er lächelt entschuldigend / ehe er zubeißt.« Wie immer es mit dem Verhältnis von Herr und Knecht bestellt sein mag – Rilkes hybride Zeile, wonach es »ein für alle Male Orpheus« sei, wenn es singt, ließe sich parodisch auf Brendels Emil übertragen. Hier ist es – zweisilbig wie Orpheus – eben Emil, der diktiert, rezitiert, studiert – und dennoch vom Blut seines Herrn lebt.

Fragen wir nach Emils Herkunft, so ohne besonderes Interesse an philologischen Beweisen. Doch ist kein Dichter zu denken ohne die Eindrücke seiner Kindheit und Jugend. Brendel las und liebte Kästners Kinderbücher, also wohl auch *Emil und die Detektive*. Warum sollte sich dieser pfiffige Emil nicht ebenso festgehakt haben wie in späteren Jahren das Umschlagbild des Dada-Almanachs, das Beethoven mit Schnurrbart zeigt? Sein Fortleben in Brendels Gedicht ist evident. Nur ein solcher dadaistischer Schinderhannes-Beethoven ist zu so ruchlosen Taten fähig wie dem Mord an Mozart. Ein inzwischen klassisch gewordenes Gedicht aus *Kleine Teufel* (1999) ertappt diesen Beethoven: »Als Salieri verkleidet / mit der Geräuschlosigkeit einer Katze / und träufelt dem Schöpfer der Kleinen Nachtmusik / Gift ins Ohr.«

Aber die Indizien führen noch weiter. In ein Gedicht, das bereits im Debütband *Fingerzeig* steht:

Als der Dadaist in den Spiegel blickte
sah er darin die schönsten Widersprüche
sich selbst und sein Gegenteil
Albernheit und Methode
Sinn im Unsinn
Grazie Anarchie
ein Stück Welt
zugleich absolut gar nichts
Es zeigten sich im Spiegelbild
Frauen Kinder ein Schaf
Beethoven mit Schnurrbart
selbst das Jesulein hatte einen Auftritt
mit herausgestreckter Zunge natürlich
Das alles überraschte ihn nicht
er wußte daß er schwebte
wie man im Traum über Treppen schwebt
oder wenigstens balancierte
komische Verwünschungen ausstoßend
lachend mit ernsten Augen
zierlich heulend
Ob die Widersprüche verschwanden
wenn man lang genug in ihrer Mitte
auf einem Bein tanzend
ausharrte

Sollte das ein Selbstbildnis sein? Wenn ja, dann ein besonders vertracktes. Nämlich das Porträt des Künstlers als Dadaist. Was es zeigt, ist das Ich und sein Gegenteil – was aber wäre das Gegenteil des Ich? Und nach welcher Logik? Das Gedicht hält sich nicht mit philosophischen Fragen auf. Was im Spiegel erscheint, ist eine widersprüchliche Welt als Groteske. Gottfried Benn hätte vorgeschlagen, die Widersprüche auszuhalten. Brendel spielt mit dem Vorschlag, die Widersprüche tanzend zum Verschwinden zu bringen. Und das unter verschärften Bedingungen, nämlich als Tanz auf einem Bein, und mit vorprogrammiertem Fall.

In den Interviews von *Ausgerechnet ich* findet sich, ohne Zusammenhang mit dem eben erwähnten Gedicht, ein Hinweis auf das G-Dur-Klavierkonzert von Beethoven und darin »die ungewohnte *Cadenza senza cadere*«. Auch der Musiker Brendel kennt das Problem.

Große Engel, kleine Teufel

Der Dadaist muß – in Begriffen Odo Marquards – nie Abschied vom Prinzipiellen nehmen, betreibt fortwährend die Apologie des Zufälligen und das Lob des Polytheismus. Überflüssig zu sagen, daß Brendel kein schulmäßiger Dadaist ist. Dada – so sagt er – sei nur ein *Teil* von ihm: das Gegenteil. Anders gewendet: in ihm steckt auch ein Systematiker und Kosmologe, ja Metaphysiker – freilich einer ohne Gott. Diese metaphysische Komponente bestimmt die Komposition des Sammelbandes *Spiegelbild und schwarzer Spuk* (2003). Dieser ersetzt die Chronologie seiner Lyrik durch thematische Gliederung. Er zielt auf Systematik, er gibt so die vorläufige *Summe.*

Sie ist natürlich mehr als das Gesamt ihrer Teile. Der Autor ist durchaus Herr im Haus. Er hat Ordnung geschaffen und zusammengesperrt, was zusammengehört – mit dem Effekt, daß in diesem Nebeneinander die Spannung zwischen den Themen und Motiven oft erst deutlich wird. Am schönsten wohl in den beiden Kapiteln »Engel und Teufel«.

»Engel lieben Unsinn« und Alfred Brendel liebt Engel, und kann sie natürlich nur lieben, weil er die Teufel liebt. Er säkularisiert und parodiert, was für Rilke noch »Ordnungen der Engel« waren. Auch er ordnet seine Engel und erfindet manche wohl einzig, um sie ordnen zu können. Er belustigt uns mit einem ironischen Register (ohne Arie): vom »Engel der Selbsttäuschung« zum »Pumpenschwengel«, dem »Krachengel« und dem »Engel des Verschweigens«. In Brendels Engel-Gedichten wechselt die Skala vom Humor in Ironie, von Ironie in Resignation und Trauer. Das Gedicht weiß: »Der Engel der Vernunft / beschützt uns nicht.« Das trauervollste aber setzt er an den Anfang seiner gesammelten Gedichte. Es zieht aus der Beschreibung des Paradieses die Erkenntnis: Auch im Paradies bleiben »wir Machtlosen« machtlos. Am Schluß sehen wir einen Engelssturz; sehen, wie »Engel / mit geschwärzten Flügeln / vom Himmel fallen / und die Schlange am Baum / uns entgegenzüngelt«. – Das könnte an Benjamins Engel der Geschichte erinnern, der, rückwärts gewandt, den Sturm vom Paradies her in seinen Flügeln, unaufhaltsam in die Zukunft getrieben wird. Für Brendel gibt es keine Geschichte, zumindet keine falsche Hoffnung auf sie, und auch keinen Geschichtspessimismus. Er zwingt die Engel zu keinem Dienst.

Im Zweifelsfall sind die Teufel ohnehin dem Heiteren, dem Humoristischen zuzurechnen; eben kleine Teufel. Selbst die großen unter ihnen sind nur zu Schabernack fähig. Und daß es Teufel im Grunde gar nicht gibt – wie der Leibhaftige in einem der Gedichte verrät –, führt dazu, daß die Menschen sie sich künftig selbst an die Wand malen müssen.

Bleibt noch Gott. Er ist eine Sache für »Kleinmaler«, für die Brendel offenbar eine humoristische Sympathie hat. Sie lassen kein einziges Haar aus, und selbst das, »was man nicht sehen kann / aber gern sähe«, pinseln sie mit spitzen Pinseln dem Betrachter ein und liefern so potentielle Gottesbeweise. Aber auch das grundsätzliche Problem: »Nicht auszudenken / wie Gott aus den Details / in denen er steckt / jemals wieder herausfinden soll.«

Da hat es der Dichter noch am leichtesten: er herrscht über eine Welt, in der die Details ein Ganzes ergeben, sofern ein Kobold dem Dämmernden diktiert. Der Poet hat kein Problem, aus den Details herauszufinden. Er hat die Freiheit, die nur Teufel haben: die der Imagination. Er kann seinen Emil schaffen, aber auch dessen Gegenteil. Namengeben genügt. Auch Emils Gegenteil hat einen Namen. Dieser Name ist ein sprechender; oder kann als solcher gelesen werden. In *Ausgerechnet ich* erzählt Brendel von Mißverständnissen und Verwechslungen, die er erlebte und die sich an seinen Namen knüpften; auch von Namensvettern und Doppelgängern. Ein Historiker habe ihn aufgeklärt, daß sein Name von »Brändli« komme – schweizerisch, oder englisch: Brendly: »Das aber war einer der Namen für den Teufel im Mittelalter und in der Hexenliteratur des 16. Jahrhunderts.«

Wenn man das liest, ist man versucht, fortan eher den *Teufel* im Detail zu suchen. Doch Vorsicht. Brendel erklärt an dieser Stelle, er sei trotzdem kein Teufelsanbeter, glaube auch nicht, wie Strawinsky, an die Person Gottes und die Person des Teufels. »Zufällig« – fügt er hinzu – »heißt auch ein Gedichtband von mir Kleine Teufel.« Über diesen Zufall, dies Zufällige und was einem Dichter zufällig zufällt, ließe sich nachdenken: es steht in Alfred Brendels Gedichten. Wo es – »zufällig« – auch einen Adalbert Brennessel gibt, die fernste, dazu pflanzliche Ableitung teuflischen Brennens.

Ich erwähne das alles, weil diese Hinweise auf Angelogie und Diabolik vielleicht das Bild ergänzen können, das wir uns vom Lyriker Brendel gemacht haben: vom tränentreibenden Humorvirtuosen Brendel, von der entwaffnenden Komik seiner lyrischen Anekdoten, von seinen ingeniösen Erfindungen und Wortspielen und auch vom Hintersinn seiner Phantasiestücke. Der tiefste Grund von Brendels Poesie aber erscheint in »Dank«, dem einzigen seiner Gedichte, das eine Überschrift tägt. Es steht am Schluß von *Spiegelbild und schwarzer Spuk* und führt eine Instanz ein, von der bisher nicht die Rede war: das Schicksal. Es ist ein Dank, den man als Leser gern nachspricht.

Blindwütiges Schicksal
hättest du Augen
damit du sähest
daß du mich glücklich machst
blindlings
und für den Blitz eines Augenblicks
mein Entzücken teiltest

Der Türke hinter dem Automaten oder Die verborgene Regel

Über einige Erfahrungen beim Schreiben von Lyrik

I

Eine politische Journalistin, an klassischer Musik interessiert, schrieb einem Lyriker von Rang: »Ich mache mir nichts aus Gedichten, aber schon gar nichts aus Lyrik.« Der derart angemachte Autor notierte nüchtern: »Sie unterschied also diese beiden Typen.« Gottfried Benn – denn er war der Adressat – erwähnt dies in seiner berühmt gewordenen Marburger Rede *Probleme der Lyrik*. Ein zentraler Satz daraus lautet: »Das neue Gedicht, die Lyrik, ist ein Kunstprodukt.« Eine über fünfzig Jahre alte These; doch an ihrer Wahrheit hat sich nichts geändert. Noch immer ist die Lyrik ein Kunstprodukt, was ihr einen leichten Stich ins Synthetische gibt. Wer hier an Kunsthonig denkt, dem erscheint der Hymettos besonders fern: sein von Horaz besungener Honig, oder sein weißer und blauer Marmor. Wir bleiben also bei der Lyrik und beim Lyriker, denn sonst müßten wir uns Dichter nennen; ein Ehrentitel, der neuerdings wieder leichthin vergeben wird. Da halte ich es lieber mit Hilde Domin, die den Lyriker in die solide Nähe der Chemiker, Physiker, Mathematiker rückt. Ich denke eher noch an den Erfinder eines *Fakes*, an die Geschichte vom ersten Schachautomaten.

Der berühmte Automatenbauer Baron von Kempelen hatte ihn konstruiert und an den Wiener Musiker Maelzel für dessen Schaustellungen verkauft. Der Automat war ein großer, tuchüberschlagener Kasten, hinter dem der Schachspieler im Gewand eines Türken saß, der bei jedem Zug mit dem linken Arm ein paar ruckartige Bewegungen machte, während man die Mechanik schnurren und klappern hörte. Vor jeder Demonstration leuchtete Maelzel mit einer Kerze ins Kasteninnere, um zu belegen, daß kein Mensch, sondern bloß Stangen und Zahnräder darin waren.

In Baltimore mag Edgar Allan Poe den Automaten gesehen haben. Poe hat jedenfalls 1836 einen Essay über das Problem einer schachspielenden Maschine geschrieben, »Maelzels Schachspieler«. Darin weist er nach, daß in der Maschine ein Mensch verborgen sein mußte, der die notwenigen Bewegungen ausführen konnte – wenn auch in unbequemer Lage (um dem hineinleuchtenden Licht auszuweichen). Mehr noch, er schritt zur Frage fort, nach welchem Prinzip eine schachspielende Maschine zu konstruieren wäre, und zu der Hypothese, bestimmte Erweiterungen würden sie befähigen, alle Spiele zu gewinnen.

Nun haben wir bereits Schachcomputer, die gegen Großmeister eine Chance haben, und besitzen – dank Enzensberger – auch einen Poesie-Automaten, der mit Hilfe eines Zufallsgenerators Texte auswirft, die es mit manch konventionell erzeugter Lyrikware aufnehmen können und zudem merkwürdig stark an Enzensbergers eigene Gedichte erinnern. Freilich hat man nicht gehört, daß Enzensberger das Dichten aufgegeben hat, und auch Poe hat seinerzeit der Versuchung widerstanden, seine poetologische Überlegungen auf einen Poesie-Automaten zu richten.

Er hätte sonst nicht die Kriminalgeschichte erfunden; und auch nicht – in Analogie zum perfekten Mord – das perfekte Gedicht. Poe dürfte den Satz des Novalis nicht gekannt haben, wonach Schönheit »ein Erzeugnis von Vernunft und Calcul« ist, aber er handelte danach oder gab doch vor, es zu tun. Das entscheidende Dokument ist seine »Philosophy of Composition« von 1846. Dort wendet er sich gegen die Auffassung, Poesie entstehe aus dem schönen Wahn oder entrückter Inspiration. Er setzt dagegen, was er den »modus operandi« nennt, das heißt eine methodische Herstellung, und demonstriert sie an der Verfertigung seines Gedichts »The Raven« (Der Rabe). Er sagt: »Meine Absicht ist, eindeutig festzustellen, daß sich keine Einzelheit dieses Gedichts aus Zufall oder Intuition ergeben hat; es entstand vielmehr, Schritt um Schritt bis zum Abschluß, mit der Präzision und der ungebrochenen Folgerichtigkeit einer mathematischen Berechnung.«

Der geniale Einfall Poes bestand darin, die von der älteren Poetik angenommene Reihenfolge der dichterischen Akte umzukehren: was *Resultat* scheint, die Form, ist somit der *Ursprung* des Gedichts. Der Anfang des dichterischen Prozesses ist für Poe die Wahl des Umfangs, des Effekts, eines gewissen Tons – und dann erst des Themas, das nach den älteren Regeln am Anfang stünde. Ich verzichte darauf, anzuführen, was ihn auf den Ton der Trauer als höchsten Ausdruck der Betrachtung des Schönen führt, auf den Tod einer schönen Frau als das poetischste Thema der Welt und darauf, daß dieses am ergreifendsten aus dem Munde eines vereinsamten Liebhabers klinge. Poes Schlußfolgerung wirkt wie ein Rezept: »Nun hatte ich also zwei Vorstellungen miteinander zu verbinden: die eines Liebenden, der den Tod seiner Geliebten beklagt, und die eines Raben, der ständig das Wort *›nevermore‹* wiederholt.«

Nun – so könnte man meinen – war nur noch das Gedicht selbst zu schreiben. Aber künstlerisch fängt ja die Sache erst an. Wollen wir Poe seinen Entstehungsbericht abnehmen? Oder haben wir eine seiner Kriminalgeschichten vor uns, übertragen auf den Bereich der ästhetischen Theorie? Entscheidend ist: Der Lyriker Poe wartete nicht auf einen Schach- oder Poesie-Automaten. Er nahm die Sache selbst in die Hand und insinuierte, poetische Perfektion sei eine Frage der poetologischen Reflexion. Er mimte selbst den Türken. Und da auch ich nicht auf das Schachspiel, sondern auf die Lyrik hinauswill, lautet meine These: In jedem Gedicht, so artifiziell es sich gibt, ist ein Mensch verborgen. Die ruckartigen Bewegungen, die eine Mechanik vortäuschen, sind Bewegungen der Poetologie, Akzentuierungen der subjektiven Vorlieben seines Verfassers.

Poes Wirkung auf Baudelaire – und damit auf die europäische Moderne – war ungeheuer, nämlich die einer »sonderbaren Erschütterung«, eines mächtigen Impulses. T. S. Eliot freilich hielt die berühmte »Philosophy of Composition« für einen bloßen Schabernack oder aber für »ein Stück Selbsttäuschung« über die Art, wie Poe das Gedicht geschrieben zu haben wünschte. War also Poes »Philosophy« eine Mystifikation, seine Vorstellung von der totalen Machbarkeit eine Falle? Wenn ja, dann tappten auch Paul Valéry und Gottfried Benn hinein, oder taten doch so. Valéry nahm Poe so ernst, daß er ihn als seinen Vorläufer anerkannte und sich selbst als den Endpunkt der Reihe setzte, also: Poe – Mallarmé – Valéry. Dabei hielt er sich zugute, nicht auf altüberlieferte Kategorien zurückgegriffen, sondern »alles auf rein analytischer Basis« neu aufgenommen zu haben: Lyrik erscheint so als rationale Magie. Dazu gehört auch Valérys Einbeziehung der Naturwissenschaften. Wenn man etwas näher hinsieht, verbleibt gerade der szientifische Bezug weitgehend im Metaphorischen; so etwa Valérys Ansicht, das Kunstwerk gleiche höchst geheimnisvollen Körpern, »die die Physik erforscht und die Chemie sich zunutze macht«. Indem er der Naturwissenschaft Geheimnisse bescheinigt, gewinnt die Poesie um so leichter ein analytisches Moment.

Ähnlich Gottfried Benn und seine Vorstellung vom Labor, darin der Dichter tätig sei. »Es ist ein Laboratorium«, so die berühmte Stelle, »ein Laboratorium für Worte, in dem der Lyriker sich bewegt. Hier modelliert, fabriziert er Worte, öffnet sie, sprengt, zertrümmert sie, um sie mit Spannungen zu laden, deren Wesen dann durch einige Jahrzehnte geht.« Doch ehe man sich versieht, ist das Labor wieder verlassen, und Benn geht auf die Troubadours zurück und berührt Nietzsches Begriff der Artistik.

Bescheidener gesagt: Lyrik ist also auch Handwerk, Werk der Hände. Dem Romanautor verübelt niemand, daß er von Thema, Plot und Hauptfiguren redet – das sind solide Begriffe. Sie setzen einen Plan, ein Konzept voraus, eine bestimmte Abfolge der Kapitel, womöglich ein graphisches Schaubild – man kennt dergleichen von Böll, Doderer oder Uwe Johnson, detailreich, gar farbig illuminiert. Ohne ein mehr oder minder deutliches Konzept setzt sich kein seriöser Romancier an den Schreibtisch.

Und der Lyriker? Er soll wohl singen, wie der Vogel singt. Ganze Serien von Selbstinterpretationen haben das Klischee nicht beseitigt, daß des Dichters Aug' immer noch im schönen Wahnsinn rollt. Selbst Kritiker mißtrauen der poetologischen Reflexion, sie hätten sonst nicht das Wort »Kopflastigkeit« erfunden. Nun wird man dort, wo es an Köpfen nicht mangelt, über solche Vorurteile hinweg und zur Tagesordnung übergehen. Diese will ich durch ein paar Fragen bezeichnen: Woher kommen Gedichte und kann man Gedichte planen? Was ist ihr Stoff? Kommen sie aus der Sprache oder aus der Welt? Geht die Form dem Gehalt voraus oder umgekehrt? Wann arbeitet man mit freien, wann mit vorgegebenen Formen? Kann man heute noch reimen? Wie steht das einzelne Gedicht zum Zyklus und wie der Zyklus zum Buch? Der Romancier schreibt Romane, der Dichter Gedichtbände. Er selbst ist ihr Protagonist.

Doch wer ist der Dichter? »Le poète – c'est moi«; derjenige, der hier schreibt und seine Schwierigkeit hat, »Ich« zu sagen. Zum Glück ist dieses Ich nicht privat, sondern, mit Rimbauds berühmter Formel, ein *anderer* – hilfsweise »lyrisches Ich« benannt. Unter dieser Maske rede ich über Erfahrungen beim Schreiben von Lyrik. Doch wer *Erfahrung* sagt, *hat* schon geschrieben und veröffentlicht. Warum also nicht gleich beim *Weiterschreiben* beginnen? Da ist der hermeneutische Kreisel schon im Schwung. Weiterschreiben ist zudem das probate Remedium für die immer lauernde Frage: Warum nicht aufhören?

Zunächst aber: wie schreibt man weiter? Im Frühjahr 1996 erschien mein Band *Jahre mit Windrad*. Für den Autor nicht bloß das Dokument einer Arbeitsphase, sondern auch das der historischen Zäsur von 1989, präsentiert mit gehöriger Verzögerung. Geschichte braucht Zeit, eh sie – wie man so schön sagt – ihren Niederschlag im Gedicht findet. Dafür – und um überhaupt einen Eindruck von diesem Buch zu geben – zwei Beispiele aus der Gedichtgruppe *In der Nähe der Glienicker Brücke*. Das erste stammt aus dem Jahr 1992:

Zu den Akten

Wir wissen, sagt der Mann, grinst und fixiert mich
wir wissen alles über Sie! (Soll wohl
ein schlechter Scherz sein, denk ich an dem Abend
vor wieviel? dreizehn Jahren; rätsele
daran herum bis ichs vergesse) Gestern
in eine Menge Leute eingeklemmt
(der Redner langweilte) von irgendwo
fühl ich mich angestarrt: es war von damals
der Mann, ich kenn ihn unter Tausenden
Ich seh ihn fragend an, er weicht mir aus
als wüßte ich nun alles über ihn.

Der Text – in prosanahen Blankversen – ist eine lyrische Nachschrift: die Begegnung mit einem IM aus der westberliner Kulturszene ist authentisch. Der Autor hat die Situation und ihre untergründige Symbolik sprechen lassen. Bei dem Titel »Zu den Akten« darf der Leser an die Gauck-Behörde, aber auch an den gleichnamigen Gedichtband von Günter Eich denken.

In einem anderen dieser um 1989 kreisenden Gedichte heißt es: »Die Geschichte geschieht, wir bleiben Spaziergänger.« Die historische Vertiefung überläßt der Autor einer Allegorie, die ihm Ende 1991 als Zeitungsmeldung begegnete. Sie verlegte den Untergang Pompejis um ein Vierteljahr Richtung Gegenwart, vom August auf den November:

Nutzen der Archäologie

Heißer August, die Asche als glühender Regen –
so stimmig liest sich die klassische Katastrophe
Aber in Wahrheit reiften schon die Granatäpfel
gärte der Wein in den Fässern, trugen die Leute
Kappen aus Pelz, ein Nordostwind wehte gewöhnlich
(der transportierte dann auch den tödlichen Fallout)
Also November! Auch ein Fortschritt der Wissenschaft:
drei Monate Frist für die Bewohner Pompejis
(wenn auch post festum aber doch besser als garnichts)
Die Ahnungslosen, wären sie dankbar gewesen?
So wenig wie wir. Wie nachsichtig sind die rückwärts-
gewandten Propheten. Gerne wimmeln wir weiter.

Die Geschichte verschont uns nicht, sie gibt manchmal Aufschub. Der Autor vermittelt die Botschaft durch die Ironie der Form. Die aufgeschobene »klassische Katastrophe« erscheint in dreizehnsilbigen Zeilen, die durch die eingestreuten Daktylen das elegische Maß äffen, aber weder Hexameter noch elegische Distichen sind. Ironie gilt auch den rückwärtsgewandten Propheten, den Historikern. Das anmaßende lyrische Ich selber geht im plebejischen Plural unter: »Gerne wimmeln wir weiter.«

Nicht zu verkennen ist, daß Lyrik hier als Biographie traktiert wird. Gedichte als Selberlebensbeschreibung ist das Stichwort. *Mein* Stichwort. Ich bemühe dazu zwei Eideshelfer: Giuseppe Ungaretti, für das Pathos von Biographie, und Philip Larkin, für seine Ernüchterung. Mich hat immer Ungarettis Wort bewegt, der Ehrgeiz des Dichters sei seine *schöne Biographie*. »Dieses Buch«, schreibt Ungaretti im Vorwort zu *L'Allegria*, »ist ein Tagebuch. Der Autor hat keinen anderen Ehrgeiz (...) als seine eigene schöne Biographie zu hinterlassen. Die Gedichte sind daher seine formalen Qualen, aber er wünscht ein für allemal begreiflich zu machen, daß die Form ihn bloß quält, weil er von ihr fordert, daß sie den Veränderungen seines Sinnes, seines Gemüts entspreche, und wenn er irgendeinen Fortschritt als Künstler gemacht hat, so möchte er, daß dies nichts anderes bedeute, daß er auch einige Vollkommenheit als Mensch erreicht hat.« Nicht daß ich die Worte des großen Ungaretti für mich in Anspruch nehmen wollte, aber sie stellen doch einen Zusammenhang her zwischen Wahrheit und Poesie.

Lyrik kann eine nüchterne Wahrheit haben; aber auch die wird immer paradox sein, eben weil sie zugleich Poesie ist. Deshalb liebe ich auch die kaustische Nüchternheit Philip Larkins. In einem Interview und vielleicht aus bloßer Provokationslust heraus äußerte er: »Ich glaube, ich versuche immer, die Wahrheit zu schreiben, und würde kein Gedicht schreiben wollen, das suggerierte, daß ich ein anderer sei als der, der ich bin (...). Nehmen Sie zum Beispiel Liebesgedichte. Ich würde es als falsch empfinden, ein Gedicht zu schreiben, das vor Liebe für jemand überschäumt, wenn man nicht gleichzeitig die Person heiratet und mit ihr einen Hausstand gründet.«

Eine ernste Beschränkung, die Larkin seinem Gedicht auferlegt. Nicht die Kunst entscheidet übers Leben, sondern das Leben über die Kunst. Man muß freilich ergänzen, daß sich hinter dem Vorsatz zur Wahrheit eine Selbsttäuschung verbergen kann, die besonders schwer zu fassen ist. Zudem wäre es um die erotische Poesie schlimm bestellt, hätten sich die Autoren von Liebesgedichten je an Larkins Gebot gehalten und die jeweils angedichtete Person geheiratet. Larkin blieb übrigens Junggeselle, und einige seiner Gedichte lassen sich durchaus als Liebesgedichte lesen.

Wie Poe benötigt auch Larkin eine Produktionshypothese, ohne die kein Lyriker auskommt. Sie liefert ihm ein Phantom, dem er lebenslänglich nachläuft. Sie ermöglicht, nach allen Anfängen, das Weiterschreiben. Sie führt hinein in die Fragen des Handwerks, führt hinein in die Dialektik von Machen und Entstehenlassen.

Mein erstes Stichwort dazu heißt *Notizbuch*. »Nur keine Notizen, keine verräterischen Einblicke«, meinte Gottfried Benn und verriet so, wie wichtig Notate und Vorarbeiten sind. Aber auch: aus welch unscheinbaren Formulierungen Gedichte hervorgehen können, welch peinliche Erdenreste dem ausgeglühten Gebilde vorangehen. Majakowski sprach von »Halbfabrikaten« und meinte, ein gutes Notizbuch sei wichtiger als die Fähigkeit, in abgelebten Versmaßen zu schreiben.

Gedichte kommen also selten aus heiterem Himmel, eher von einem Zettel auf dem Nachttisch. Auf einem dieser Zettel lese ich die Zeile: »Oft fehlt ein einziges Korn den Uhren der Toten«. Rätselvoll genug ist sie. 13 Silben, leicht rhythmisiert. Aber sind sie auch verwendbar in einem Gedicht? Vielleicht ließe sich ein Kontext, eine Erweiterung finden. Wahrscheinlich ist es falsch, diesen Keim dem Licht der Öffentlichkeit zu exponieren. Er könnte im Notizheft oder auf einem PC-Speicherplatz ruhen wie andere Zeilen, Reimpaarungen, Schnappschüsse, Epiphanien. Das Entscheidende ist das produktive Chaos dieser Notizen, ihr Nichtgeordnetsein. Nur keine Systematik. Nur keine Zensur, das heißt keine Frage nach der Qualität. Der lyrische Stoff wartet auf das punktuelle Zünden der Welt im Subjekt, wie es Friedrich Theodor Vischer nannte. Auf den fruchtbaren Moment.

Das ist der Moment der Fähigkeit. Man hat lange in diesen Notizen geblättert, mißmutig, deprimiert, aber dann schließt sich an eine Zeile eine andere an oder zwei Bilder treten miteinander in Beziehung, und man ist mitten in der Fabrikation. Valéry hat das unnachahmlich präzis formuliert: »Es gibt Verse, die man *findet*. – Die anderen *macht* man. – Man vervollkommnet diejenigen, die man *findet*. – Die andern ›naturalisiert‹ man. – Zwei Manöver in entgegengesetzter Richtung, um die Fälschung zu erreichen: die ›Vollkommenheit‹.«

Aber damit ist die Frage nicht berücksichtigt, ob die beiden Manöver sich auf einen *Plan* beziehen, auf ein Konzept, das bereits bestand oder sich jetzt, im aktuellen Prozeß, entwickelt.

Sieht das, was ich da zu machen im Begriff bin, nach einem künftigen *Sonett* aus und – wenn ja – soll es also eins werden? Oder – schwieriger und weiter gezielt – soll aus diesem entstehenden Text ein weiteres Sonett in jener Reihe werden, die ich schon begonnen habe? Ich weiß, daß etliche Lyriker das Sonett nicht mögen. Aber es ist das Modell für vorgegebene Form, Exempel für lyrische Planung. Will sagen: Man schreibt nicht nur das, was *kommt*, nämlich im Suchen, Finden und Machen; man schreibt auch, was man schreiben möchte, im Planen und Konstruieren. Ich gebe ein Beispiel für extremen Konzeptionalismus, für die völlige Durchplanung einer Struktur.

Das Stichwort dafür lautet *System*. Inger Christensen vertritt das, was man in Dänemark »Systemdichtung« nennt, nämlich eine Poesie, die ihren Fortgang und ihre Struktur durch vorgegebene Regelungen ermöglicht und »objektive«, wissenschaftlich verifizierbare Elemente mit dem subjektiven Ausdrucksbedürfnis verbindet. Ein Beispiel dafür ist das 1981 erschienene *Alphabet*, ein Langgedicht von etwa siebzig Seiten, Christensens bedeutendstes Werk. Es beruht auf zwei miteinander verbundenen Konstruktionsprinzipien, einem endlichen und einem virtuell unendlichen. Zum einen ist es die Abfolge der Buchstaben im Alphabet, die die Reihenfolge der Abschnitte bestimmt und das Vokabular des Gedichts beeinflußt. Zum andern ist es die sogenannte »Fibonacci-Folge«, die Struktur und Umfang des Textes fixiert. Diese Folge, benannt nach dem mittelalterlichen Mathematiker Leonardo Fibonacci, ergibt sich dadurch, daß sich jedes folgende Glied aus der Summe der beiden vorangegangenen Glieder errechnet: also 1 + 1 = 2 / 1 + 2 = 3 / 2 + 3 = 5 / 5 + 3 = 8 usw.

Die ingeniöse Verbindung der beiden Prinzipien besteht darin, daß Christensen dem Buchstaben *a* eine Zeile, dem Buchstaben *b* zwei Zeilen, *c* drei, *d* fünf, *e* acht Zeilen usw. zuordnet; wobei ihr bei der Konzeption des Gedichts nicht entgehen konnte, wie enorm die Fibonacci-Folge schon nach wenigen Schritten ansteigt. Dem Buchstaben *n* sind immerhin 610 Zeilen zuzuordnen; und hier bricht – 12 Buchstaben vor Ende des Alphabets – das Gedicht ab. Die totale Ausfüllung des Systems hätte vermutlich einige tausend Seiten erfordert.

Christensens eigener Kommentar verfolgt, wie das Werk

selbst, zwei differente Strategien; eine positive und eine destruktive. Zunächst sagt sie: »Ich finde, *alphabet* hat etwas Biologisches. Ich hätte ja nicht einfach schreiben können 1, 2, 3, 5, 8 usw., das heißt Fibonaccis mathematische Reihe – niemand würde das als Gedicht betrachten. Aber ich vertraue darauf, daß, wenn ich etwas schreibe, das teils ich selber bin, teils in der Welt ist – in diesem Falle also Mathematik –, daß diese Kombination aus den Zahlen und meinen Worten so etwas wie ein natürlicher Organismus wird. Übrigens bin ich später dahintergekommen, daß Dinge in der Natur, in der Botanik, mit Fibonaccis Reihe übereinstimmen.«

Gegenläufig dazu ist Christensens Idee von Explosion, Destruktion oder Erweiterung ins Imaginäre: »Als das Weltall geboren wurde, geschah folgendes: Alles, was anfangs zu fast nichts zusammengepreßt war, explodierte und breitete sich nach allen Seiten aus, eine Bewegung, die andauern wird, bis die Ausbreitung so groß ist, daß alles zu verschwinden und wieder zu nichts oder fast nichts zu werden scheint.«

Was mich an Christensens Konzept und Theorie interessiert, ist nicht der mögliche wissenschaftliche Gehalt, sondern der poetologische Plan, der den Novalis-Satz bestätigt, wonach Schönheit »ein Erzeugnis von Vernunft und Calcul« ist. Die Dialektik von Machen und Entstehenlassen ist hier glanzvoll entfaltet. Das große Gesetz erlaubt die Freiheit im Detail. Aber der Autor, der in das Gesetz eintritt, ist auch im System gefangen – bis zur Vollendung oder, wie hier, zum Abbruch. Zudem muß man daran *glauben*, daß die Dichtung ebenso biologistisch verfährt wie die Natur. Schließlich muß man akzeptieren, daß Dichtung sich den Prinzipien der Naturwissenschaft unterwerfen sollte.

Wer dagegen die Poesie selbst kommandieren lassen will oder auf den Primat des Erlebens, der Erfahrung, der persönlichen Biographie setzt, wird nach Prinzipien in der Poesie selbst suchen; nach ästhetischen Momenten wie Zahl, Proportion, Klang, Rhythmus, Bild und Logos. Ich komme in diesem Kontext aufs Sonett zurück – auch aus dem Grund, weil es die Frage nach dem Reim aufwirft.

Der Reim ist – maritim und mit Karl Kraus gesprochen – das »Ufer, wo sie landen, / sind zwei Gedanken einverstanden.«

Was leider auch der reimende Dilettant beweist. Das Selbstgereimte ist der Versuch, diese Identität – und damit die eigene – sprachlich zu retten. Den Artisten reizt die Diskrepanz, die Möglichkeit, aus der Differenz der Gedanken Funken zu schlagen. Das heißt: Ironie wird unvermeidlich. Kein Zweifel aber auch, daß Ironie eine Schwundstufe von Pathos ist, und daß dem Fremdwort in dieser Pathosreduktion eine wichtige Rolle zugewiesen ist. Gottfried Benn hat diese Möglichkeit exzessiv genutzt, aber er war wohl auch der letzte, der, um den Preis von Sentiment und Sentimentalität, den Reim als Form von Ernst, ja Pathos eingesetzt hat.

Mein Beispiel betreibt diese ironische Reduktion auch in der Verkürzung seiner Zeilen. Das Sonett wird zum ironischen Lied.

Satura

Der Puls ist noch palbabel
das Hirn noch sporogen
Doch zwischen Kalb und Kabel
will uns kein Gott erstehn

Schon leichtes Magendrücken
verändert den Diskurs
Wir sehen in den Lücken
den Schatten des Komturs

Vom Ein- zum Appenzeller
da war wohl ein Moment
als würde alles heller

Nun lesen wir die Daten
die uns an uns verraten
als unser Testament

Auch Kommunikation verfällt dieser Ironie, ist aber in ihr – säkularisiert – vielleicht noch einmal möglich. Wir sind die Gefangenen unserer Daten – unsere Codes sind unsere Testamente. Auch der Titel zielt auf die »Fülle« in der Ironie. »Satura« ist ursprünglich eine der Ceres dargebrachte Schüssel mit mannigfaltigen Erstlingsgaben (lanx satura). Von daher wird »satura« kulinarisch zum Mischgericht, zum »Allerlei«, zur volkstümlichen dramatischen Mischform, schließlich zur beißenden oder lächelnden Satire im Sinne Horaz', Martials oder Iuvenals. Auch die Moderne kennt Satura, Satire. Eugenio Montale hat 1971 den Band, der sein Alterswerk eröffnet, *Satura* betitelt, und natürlich kann ich mir nicht verkneifen, sein scherzhaftes Diktum zu erwähnen: seine früheren Verse habe er »im Frack« geschrieben, die späteren »im Schlafanzug«. Mein kleines Sonett ist eine Huldigung an Montale; und der Titel *Satura* steht auch über einer ganzen Abteilung meiner neuen Gedichte. Hier dominiert mit der Ironie die feste Form und der Reim.

Andererseits liegt der Schluß nahe, daß die ernsten Töne ohne das Reimspiel auskommen müssen. Aber kommen sie ohne Versmaß aus? Verstheorie gilt als besonders unmusisch; dabei hat sie es gerade mit der Musik der Verse zu tun. Was aber kann an die Stelle des Reims und der abgemessenen Metren treten? Es ist eine alte Frage, seit Klopstock.

Seit vierzig, fünfzig Jahren dominiert bei uns der freie Vers, der seine rhythmische Figur Zeile um Zeile neu findet, manchmal aber nur zu Zeilen abgeteilte Prosa ist, Flattersatz, wie der Drucker sagt. Dieser *vers libre*, dieser *free verse* setzt nicht weniger Meisterschaft voraus als jede gebundene Form. Er spielt mit der Möglichkeit, Prosa in Vers und Vers in Prosa übergehen zu lassen. Doch eben diese Geschmeidigkeit leistet der Willkür Vorschub. Zumal es das Prinzip des Freiverses ist, daß die Form an sich *keinen* Widerstand bietet. Sie ist Form von Fall zu Fall, Form *ex post*: das fertige Gedicht kann rhythmische oder zahlenmäßige Analogien zeigen, muß es aber nicht. Man könnte also boshaft sagen: »Die Moderne gibt sich mit wenig zufrieden.« Das war, wieder einmal, Valéry.

Was soll die Pointe dieser Bemerkungen zur Metrik sein? Ich zitiere eine Stelle aus Valérys *Cahiers*. Er spricht dort von einem, wie er sagt, kaum bekannten ästhetischen Paradox: »Die äußerste Verschwisterung der Form mit dem Inhalt wird am besten verwirklicht, indem der Form Bedingungen auferlegt werden, willkürliche, präzise, von außen kommende – jedoch *verborgen* –, denen sich dann auch der Inhalt beugen muß – so wie ein Körper in einem Kraftfeld oder in einem gekrümmten Raum.« Die Stelle ist zunächst so unerhört nicht, denn Valéry variiert einen Gedanken, der paradigmatisch aufs Sonett zutrifft. Was mich fasziniert, ist nicht der Preis der Regeln und ihrer zeugenden Willkür, sondern die *Parenthese* im eben zitierten Satz, das »jedoch *verborgen* ». Regeln ja – aber verborgene! Regeln, die auch der geübte Leser nicht sofort erkennt (Sonett, Hexameter, Blankvers). Regeln, die dem Blick der Gewohnheit, ja selbst des Trainings entgehen. Solche Regeln – und da schlägt das vernünftige Calcul in Magie und Mystizismus um – sind auch dann wirksam, wenn der Leser sie nicht bemerkt. Diese Valéry-Stelle erscheint mir als Bestätigung einer Praxis, die ich schon lange, nämlich seit den siebziger Jahren betreibe. Es geht um eine bestimmte Regelung der Verszeile, die man nicht hören kann, von der ich aber hoffe, daß sie sich dennoch auf irgendeine Weise dem Hörer mitteilt. Etwa im Schlußstück aus einem Zyklus von sechs Gedichten, betitelt *Blätter für Zachäus*:

> Am Weg die Sykomore wächst schneller
> als du hinaufgelangst auf diesen Baum
> dich dem milden Mann zu empfehlen der
> von der Menschenmenge erwartet wird
>
> Sie werden auf den falschen tippen auf
> die Tiara oder das gelbe Trikot
> Doch gesetzt du tippst auf den richtigen –
> da ist noch das Handicap mit dem Baum
>
> Auch ist der Kühlschrank leer und kein Feuer
> unter dem Herd

Der Evangelist Lukas (19,1-6) erzählt die Geschichte von Zachäus, dem obersten der Zöllner, der begehrt, Christus zu sehen und, da er zu klein ist, auf einen Maulbeerbaum steigt. Christus, der vorbeikommt, sieht ihn und ruft ihn herab, denn er will bei ihm einkehren. Zachäus nimmt ihn mit Freuden auf; und die, die dies sehen, wundern sich, daß Christus bei einem Zöllner, einem Sünder einkehrt. Meine Variante der Zachäusgeschichte ist etwas parodistisch geraten: das lyrische Ich scheitert schon an seiner Unfähigkeit, den Maulbeerbaum zu besteigen; von den mangelnden Küchenvorräten und dem Feuer ganz zu schweigen. Wie zu dieser negativen Parabel des

Verfassers metrische Technik paßt, kann ich nicht entscheiden. Das Gedicht besteht aus zehn Zeilen, die Zeile jeweils aus zehn Silben, die keinem vorgegebenen Rhythmus folgen, sondern eben *nur gezählt* sind. Eine Ausnahme macht Zeile 10; sie hat nur vier Silben. Der Text bricht ab: »Auch ist der Kühlschrank leer und kein Feuer / unter dem Herd.« Der Poet exponiert – willentlich oder unwillentlich – seine Armut. Er gibt sich eine Regel und vermag nicht einmal die letzte Zeile zu füllen. Seine Pumpen und Röhren funktionieren nicht sonderlich gut. Aber vielleicht gehört das in sein System.

Ich spreche hier in Bezug aufs Silbenmaß in eigener Sache; aber ich habe die silbenzählende Technik nicht erfunden. Ich wunderte mich nur, als ich sie bei Auden fand und bei Sylvia Plath – vermutlich als Ersatz für den die englische Lyrik dominierenden Blankvers, als Chance, die Zeile metrisch stark zu modulieren. Wenn es neben den *gegebenen* auch die *errechneten* Verse (Valéry) gibt, ist auch eine Regelung erlaubt, die dem Gedicht selbst nicht ausdrücklich beigegeben wird. Je rigider diese verborgene Regel, um so größer des Autors Hoffnung, daß sie den poetischen Geist freisetzt. Calcul ist die Ersatzhandlung, die diesen Geist hervorrufen möchte. Calcul als eine andere Art Beschwörung, als ein Tanzen in Ketten.

Der weise Montale überschrieb das letzte Kapitel eines seiner Bände mit »Conclusioni provvisorie« (Provisorische Schlüsse). Die beiden Gedichte, die man dort findet, heißen »Piccolo testamento« (Kleines Testament) und »Il sogno del prigioniero« (Der Traum des Gefangenen). Ein wunderbares Paradox: der Dichter will den Abschluß, das Testament, doch jeder Schluß will Befreiung aus den Kerkern, will ins Offene.

Mein erstes Buch
Hase und Hegel

Daß jemand, der seit seiner Schulzeit Gedichte schreibt und damit auch als Student weitermacht, erst mit achtunddreißig sein erstes Gedichtbuch veröffentlicht, ist vielleicht nicht besonders bemerkenswert, aber für den betreffenden Autor natürlich nicht ohne Bedeutung. Es gab für diesen späten Auftritt viele, aber keine besonderen Gründe. Es gab die Vokabelheftchen, in die der Schüler seine Gedichte schrieb; es gab ein paar Gedichte in Studentenblättern; und der Studienreferendar und -rat bediente ein paar kleine Literaturzeitschriften mit Gedichten. Er war ja dem Wink des von ihm verehrten Philosophen Joachim Ritter gefolgt, der die Praxis des Lebensvollzugs für wichtig gehalten hatte, das Alltäglich-Nützliche also, und war in den Höheren Schuldienst gegangen, nicht zuletzt deshalb, weil er dort ökonomische Unabhängigkeit vom Literaturbetrieb zu finden gehofft hatte.

Darüber war er in seine Dreißiger geraten; und die praktische Praxis umfaßte auch eine Familie und eine Existenz im Ruhrgebiet, wo man sich damals mit lokalen bildenden Künstlern befreunden konnte, aber es so etwas wie literarisches Leben nicht gab. H.H., um diese Initialen zu benutzen, war mit seiner Situation nicht unzufrieden; er war naiverweise der Ansicht, der Literaturbetrieb würde seine Existenz früher oder später zur Kenntnis nehmen – mit oder ohne sein Zutun. Und siehe da: er wurde zu einer wichtigen Lyrik-Anthologie eingeladen. Peter Hamm edierte Mai 1966 *Aussichten. Junge Lyriker des deutschen Sprachraums.* Und da stand H. H. nun Seit' an Seite mit Thomas Bernhard und Volker Braun, mit Wolf Biermann und Wulf Kirsten, mit Nicolas Born und Sarah Kirsch und anderen, die später wichtig werden sollten.

Bitte, es ging also. Und es schien auch so weiter zu gehen. Ein Münchner Lektor schrieb mir: »Ihre Gedichte haben mir sehr gefallen; schreiben Sie auch Prosa?« Ein Beispiel, zu welcher Subtilität das Semikolon fähig ist. Lassen wir die Prosa beiseite. Ich begriff, was er meinte; begriff, daß die Verlage nicht eben gerade danach gierten, Gedichtbände von unbekannten Autoren zu publizieren; begriff es ein wenig zu gut; denn ich versuchte erst gar nicht, das obligate »Bändchen«, das ich wie jeder junge Lyriker in petto hatte, an den Mann zu bringen. Die Zeit wird es richten, dachte ich.

Doch dann ergab sich die Möglichkeit, nach Berlin zu gehen, um an der dortigen PH zu unterrichten, und ich ging, ohne mich umzusehen. Das war im Spätherbst '66, gerade rechtzeitig, um jene gesellschaftlichen Prozesse mitzubekommen, die zu Studentenrevolution und Außerparlamentarischer Opposition führten; aber auch zu der fanatischen Kultur- und Literaturfeindschaft von '68. Meine anfängliche Sympathie mit dem Protest schlug um in Kritik. Die linken Freunde ließen allenfalls Agitprop und O-Ton-Literatur gelten, und für die Studenten war ein Dozent, der Gedichte veröffentlichte, ein Reaktionär oder doch ein Spinner. Ich schrieb aber weiter an meinen Gedichten, und natürlich gab es auch aktuelle, politische Töne darin, jedoch mehr und mehr auch den Versuch, das Gedicht gegen seine Befeindung zu befestigen. Hoffnung gegen alle Hoffnung. Und irgendwann sollte meine Verteidigung der Poesie – so schien mir – manifest werden. Warum gab es noch kein Gedichtbuch von mir?

Eines Tages kam mir der Lyrikband eines amerikanischen Germanisten namens Stuart Friebert in die Hand, sein Titel war *Kein Trinkwasser*, und Karl Krolow hatte das Nachwort geschrieben. Der nüchterne Titel hatte mir gefallen, auch der gebrochene ironisch-prosaische Ton. Das Buch – und das war vermutlich ausschlaggebend – war in einem kleinen Verlag erschienen, im Atelier Verlag Andernach. Eine Ablehnung von dort würde mich nicht umbringen. Ich schickte mein Manuskript an den Verleger Fritz Werf, und erstaunlicherweise gab es gleich eine Antwort: Annahme des Manuskripts.

Dieses trug die heftig alliterierende Überschrift *Harald Hartung / Hase und Hegel*, und auch die wurde akzeptiert. Friedrich Gräsel, Bildhauerfreund aus Bochum, entwarf den Umschlag, einen Hasen vorn, einen Hegel hinten, dazu – aus

Röhrenelementen komponiert (denn Gräsel machte damals Röhrenplastiken) – ein fettes H & H. All dies silbern auf grün gedruckt. Apart & etwas verrückt. Ein Buch, wie es in einem der großen Verlage wohl kaum erschienen wäre. Und auch nicht unter einem Titel, den jede Vertreterkonferenz gekippt hätte: *Hase und Hegel.* Der Titel gefällt mir noch heute, gefällt mir eigentlich immer besser. Mein bester Titel, denke ich. Vielleicht das Beste am Buch und wohl ein Lebensmotiv. Hier das Titelgedicht:

Auf den Äckern von O.
sah ich
wie der Hase lief
Haken schlagend
wie Hegel
aus Angst vor dem Pfeffer
aber lebendig

Auf der Buchmesse 1970 saß der stolze Autor in der kleinen Koje des Atelier Verlags und sah, wie ein junger Mann fast begierig nach dem ausgestellten Exemplar griff. »Ach Gedichte!« murmelte er und legte das Buch zurück. Er hatte wohl etwas anderes erwartet. Aber was?

Eben auf dieser Messe las ich im *Tagesspiegel* die freundliche Rezension Joachim Günthers; ein paar Zeitschriften folgten mit weiteren Besprechungen. Mehr Resonanz hatte ich nicht erwartet. Ich hatte – mit 38 – mein erstes Buch. Die 500 Stück Auflage waren nach ein paar Jahren verkauft. Noch während es lieferbar war, boten es Antiquariate zu entsprechend höheren Preisen an.

Soweit die Geschichte. In Wahrheit ist das aber nur die Hälfte der Wahrheit. In Wirklichkeit hätte mir, wie ich heute sehe, ein früher erschienener Band nicht wirklich genützt. All das, was ich in meinen Zwanzigern und frühen Dreißigern mit einer gewissen Geläufigkeit produziert hatte, hatte nichts Eigenes, nichts Zwingendes. Daß ich nicht wie Benn oder Brecht schreiben wollte, war mir immerhin klar; auch Paul Celan, der mich faszinierte, schied als Vorbild aus. Er war einzig in seiner Einzelgängerei. Seine Originalität ließ schon den ersten

Versuch einer Imitatio epigonal erscheinen, ja lächerlich. Meine Herkunft und Entwicklung legte mir Nüchternheit nahe, Skepsis, Ironie, Reflexion. Die Hegelsche Prosa des Lebens also; und so war der Hegel in meinem Titel auch gemeint.

Was die lyrische Moderne angeht, wurde mir W. C. Williams mit seiner Snapshot-Technik wichtig und mit seinem Leitsatz: »No ideas but in things.« In *Hase und Hegel* ist noch nicht viel davon zu spüren. Die Ideen – eben auch die politischen – schienen mir noch wichtig. So blieb auch die wortspielende Technik Erich Frieds nicht ohne Eindruck auf mich. Das Gedicht *Gedanken* spielt ausdrücklich »mit Motiven Erich Frieds«: »Die das Denken im Gehen lernten / sind dankbare Gedanken. / Ihr Dank ist daß sie das Zeitliche nicht segnen.« Ich war stolz auf den Doppelsinn. Auch ich wollte das Zeitliche nicht segnen; wollte nicht bloß affirmativ sein und die Zustände absegnen. Meine Skepsis blieb mir wichtig. Sie half mir über die poesiefeindliche Politisierung hinweg.

Hase und Hegel also ist, wenn ichs recht betrachte, auch das Dokument dessen, was ich *nicht* sein wollte, *noch nicht* sein konnte. Ich habe daher, bei Durchsicht für meine Gesamtausgabe *Aktennotiz meines Engels. Gedichte 1957-2004* etliche Gedichte von damals fortgelassen. Natürlich liebe ich meinen Erstling immer noch, und so hat der silbern-grüne Originalband, dessen Seiten schon leichte Stockflecken zeigen, für mich den nostalgischen Geschmack von Enthusiasmus, von Hoffnungen, von Illusionen.

Die Rückseite des Teppichs

Rede zum Würth-Preis für Europäische Literatur

D*ank* – so belehrt uns das Grimmsche Wörterbuch – gehört zu dem verlorenen Stamm *dinke danc dunken*, der eine Tätigkeit des Geistes, eine Bewegung und Erhebung des Geistes ausdrückt. Wie wunderbar archaisch das tönt: »ein verlorener Stamm«! Klingt es nicht wie eine Zeile aus einem alten verschollenen Gedicht, dieses *dinke danc dunken*? Schon hat mich dieser verlorene Stamm zu einer alten, ewig neuen Sache geführt, zur Poesie. Sie ist auch *meine* Sache, Harald Weinrich hat es mir bestätigt, und ich darf ihm zuerst danken. Danken darf ich auch der Jury, die mir diesen Preis für Europäische Literatur zuerkannte – einen Preis, der mich beschämt, weil er meine Person in so weite Zusammenhänge rückt, einen Preis aber auch, der mich ermutigt, weil kein übermächtiger Dichterpatron über ihm wacht.

Was das Europäische sei, ist viel beredet und trotz allem eine offene, also lebendige Frage; und solang diese Frage offen bleibt, wird Europa lebendig sein. Jeder, der fragt, jeder, der etwas leistet, was befragenswert ist, tut etwas für diese Lebendigkeit. Auch die Dichter. Sie dürfen die europäische Sache auf ihren Punkt bringen. Etwa der Portugiese Fernando Pessoa, der lapidar gesagt hat: »Ich bin Europa.« Er durfte das sagen, weil sein Werk von höchstem Anspruch, sein Name aber von größter Bescheidenheit ist. Pessoa heißt portugiesisch »Person«. Darin klingt die »persona« nach, die Maske des antiken Schauspielers. Wer aber ist hinter der Maske? »Uma pessoa«, das ist irgendwer. Der Name Pessoa hätte ein listiges Pseudonym abgeben können – den Tarnnamen für einen Dichter, der sich als Irgendwer, ja als Niemand ausgibt, weil er für *alle* spricht, für den modernen Jedermann. Ich stelle mir vor, daß Dichter so sein möchten: anonym, einfach eine Stimme, die leise, doch vernehmlich für alle spricht. Und jeder dürfte mitmurmeln. »Ich bin Europa.« Statt dessen aber sind die, die man

Dichter nennt, darauf angewiesen, etwas Besonderes vorzustellen, um ihren Namen einem mit Eindrücken überhäuften Publikum einzuprägen – mit einem Wort: *eitel* zu sein.

Sie alle wissen, daß Eitelkeit maskiert gehen kann, nämlich unter der Maske der Demut, der Bescheidenheit. Doch wer gelobt wird, soll sich nicht zieren. Wer was geleistet hat, darf sich dazu bekennen. »Nur Lumpe sind bescheiden«, sagt Goethe; und damit sind auch alle anderen Namen möglich: die Namen der *Meister.* Ich erwähne diesen Begriff des Meisters, der uns fast abhanden gekommen ist, weil er nicht bloß den Jünger assoziieren läßt, sondern auch den Schüler, warum nicht gar den Lehrling. Also auch den des Handwerkers. »Aus Farbenreibern sind treffliche Maler hervorgegangen«, sagt wiederum Goethe, in den *Maximen und Reflexionen.* Und selbigen Orts hat er etwas sehr Skeptisches und zugleich Tröstliches bemerkt, nämlich: »Es ist so schwer etwas von Mustern zu lernen als von der Natur.« Wann fängt dieses Lernen an und wo hört es auf?

Ich darf Ihnen eine kleine Szene vors innere Auge rücken. Ich nenne sie etwas hochtrabend meine lyrische Urszene. Sie spielt in den ersten Nachkriegsjahren, sagen wir Sommer 1946, in einer Stadt im Ruhrgebiet. Spielt in einer Mansarde – zwei Betten, zwei Stühle, ein Tisch –, und der Dreizehnjährige hat der Mutter das an diesem Tisch geschriebene Produkt gezeigt: ein Gedicht, zwei Strophen, acht Zeilen, kreuzweis gereimt; ein Gedicht über den Abend, und es kamen »Unken« vor – das einzige, das ich erinnere –, denn ich brauchte einen Reim auf »versunken«. Versunken war – natürlich – die Sonne. Im Weltbild des Lyrikers wie des Normalmenschen versinkt sie noch immer – und so hätte das Gedicht meiner Mutter eigentlich gefallen müssen.

Es gefiel ihr nicht. Es *konnte* ihr nicht gefallen. Sie sagte: »Das hast du gestohlen« – und meinte: Das hast du irgendwo abgeschrieben. In unserer Familie gibt es niemand, der dichtet. Damit hatte sie buchstäblich recht. Es gab einen Onkel, der Klavier spielte, und mein Vater – von dem wir noch nicht wußten, daß er wiederkehren würde – hatte Balalaika gespielt und Kontrabaß. Woher sollte da ein Dichter kommen?

Die Reaktion meiner Mutter enttäuschte mich, aber ich

schrieb weiter. Freilich hören die meisten, die mit der Pubertät zu dichten beginnen, spätestens zehn Jahre später auf. Soll das heißen: Wer zu dichten aufhört, ist erwachsen? Wer weiterdichtet, bewahrt sich seine Kindschaft? Und dann: kommandiert die Poesie. Doch um auf meine Mutter zurückzukommen: sie hatte instinktiv das getan, wozu die Großen der Moderne geraten haben: *Man muß die Kunst entmutigen*. Dafür – für diese Entmutigung, ohne die es keine Kunst gibt – habe ich meiner Mutter zu danken.

Doch in ihrem Vorwurf (»Das hast du gestohlen«) war noch eine weitere Weisheit verborgen. Sie scheint mir in der Tat eine fundamentale Wahrheit zu sein. Paul Valéry hat sie mit der ihm eigenen Prägnanz formuliert. Ich gestehe, daß ich ihn mit Zögern, fast mit Ängstlichkeit zitiere. In Aufzeichnungen, denen er nicht ohne Grund den Titel *Verschwiegenes* gab, notiert Valéry: »Nichts ist origineller, nichts ist *eigener*, als sich von den andern zu nähren. Aber man muß sie verdauen. Der Löwe besteht aus verdautem Schaf.« So die Stimme des Löwen. Sie spricht gewiß auch pro domo.

Ich will aber für diese Art Aneigung ein anderes Beispiel nennen. Nämlich den Verfasser von *Waste Land*, einem der Jahrhundertgedichte des abgelaufenen Säkulums. Seinem *Waste Land* gab T. S. Eliot einen gelehrten Anhang mit, der alle Quellen und Entlehnungen offenlegte, also mögliche Plagiatsvorwürfe ausschloß. War das Stolz oder Bescheidung? Jedenfalls zog es die Aufmerksamkeit der Kritiker auf sich und trug nicht wenig zum Erfolg des Gedichts bei. Das modernste Gedicht des 20. Jahrhunderts stak am tiefsten in der Tradition. Mehr noch: das originellste Gedicht des 20. Jahrhunderts war zugleich das unpersönlichste.

Natürlich erwähne ich das alles in eigener Sache; erwähne es auf die Gefahr hin, man möchte hier die Stimme des Schafes hören, das sich an einem toten Löwen gütlich tut – wozu Schafe aber zum Glück nicht neigen. Vielleicht muß man zu so drastischen Bildern greifen, um die unüberschätzbare Bedeutung der Tradition hervorzuheben. »Das hast du gestohlen« ist zu übersetzen: Das hast du dir genommen, und in deiner Hand hat es sich verwandelt. Einer der Poeten, die ich in meine Anthologie *Luftfracht* aufgenommen habe, der karibische

Dichter Derek Walcott, sagt: »Was denn ist Poesie, die etwas taugt, / als ein von Hand zu Mund gereichtes Wort.«

Aber die eigne Hand, der eigene Mund, die eigene Stimme – was ist das? Weiß man das überhaupt? Erfährt man es irgendwann? Jeder, der Gedichte schreibt, schreibt eine ganze Weile als Lehrling, also nachahmend. In meinem Falle heißt das: ich habe so ziemlich alles durchprobiert: von Heine bis zu Rilke und Benn. Doch bei Celan angekommen, schwand mir das gute Gewissen. Ich begriff, daß der Verfasser der *Todesfuge* nicht einfach nachzuahmen war, weder seine Machart noch seine Thematik, will sagen: sein Schicksal. Später einmal las ich in einem Brief Paul Celans den Satz: »Nur wahre Hände schreiben wahre Gedichte.«

Ich mußte woanders anfangen, schlichter, einfacher, auf der Basis meiner alltäglichen Erfahrungen: beim eigenen Lebensstoff, bei Kindheit, Liebe, Ehe, Umwelt. Ich nannte meine Bände *Reichsbahngelände, Das gewöhnliche Licht, Augenzeit.* Ich versuchte Augenblicke zu fassen, in denen das Ungewöhnliche aufleuchtet, versuchte, im subjektiven Eindruck etwas zu formulieren, das über mich hinausreicht. Ich suchte in Formen Halt – und fand in ihnen Freiheit. Was ich suchte, gab mir manchmal der Einfall, den eine Form provozierte. Ich probierte ein paar der alten Formen aus, das Sonett, den Odenvers, und ich versuchte, neue Formen zu finden, zu *erfinden*, Formen, die so diskret sind, daß ihre Regel, sagen wir: ihr *Zwang* nicht ins Auge fällt. Ja, ich halte es manchmal mit Regeln, die der Leser weder hört, noch beim Lesen gleich erkennt. Der liebe Gott, der im Detail steckt, schaut mit Wohlgefallen auf jene Schönheiten, die der Gläubige in der Kirchenbank nicht sieht. Weltlich gewendet: man spürt die Anwesenheit einer Regel, auch wenn man sie nicht kennt.

Das Leben ist bekanntlich kein Spiel, aber die Regel, das Ritual erleichtert es. Ich benötige keine philosophische Theorie, nehme keine vorgegebene Weltsicht für mich in Anspruch; tat dies auch nicht in den Jahren, als manche Poeten sich in den Dienst einer Ideologie stellten. Pegasus ist ein untauglicher Ackergaul. Die poetische Zeile schneidet nicht ins gepanzerte Fleisch der Macht. Auf die Frage »Was ist Ihre Zielgruppe?« antwortete ich gern: »Ich schieße nicht auf Menschen.«

Was ich hier sage, klingt so, als wüßte ich etwas zu gut, wo es langgeht im Vers. Jeder Vers aber ist Wendung, nämlich die Wendung am Ende der Ackerzeile. Jede Zeile ist Wiederholung, aber keine mit der andern identisch. Sieben Zeilen oder siebenundsiebzig machen ein Feld. Das Feld der Poesie zeigt das Muster aller Wendungen – schön, wenn etwas darauf wächst. Darüber verfügt der Schreiber nicht. Ja, er übersieht es nicht einmal. Er sieht nur – um in ein anderes Bild zu springen – das, was der Weber einer Tapisserie bei der Arbeit sieht: die Rückseite des Teppichs. Der Leser dagegen sieht den Teppich wirklich, er muß die Kett- und Schußfäden nicht nachzählen. Ein großer und sehr feierlicher Dichter – Stefan George – hat vom *Teppich des Lebens* gesprochen. Doch auch die kleinen Dichter – die Engländer nennen sie *minor poets* – haben als Weber ihr Daseinsrecht. Sie machen ihre Teppiche, in sieben, elf oder vierzehn Zeilen. Und ehe ich abtrete, halte ich drei davon für Augenblicke in die Luft.

Das erste ist tatsächlich ein Orient-Produkt, Ergebnis einer mit anderen Autoren unternommenen Reise in den Jemen. Und da ich schon im Orient war, dachte ich auch an eine orientalische Form, ans Ghasel. Goethe spielt auf sie im *Divan* an. Platen und Rückert haben sie oft erprobt; und so ist es eine europäische Form geworden – eine Maske, die sich ein Europäer vors Gesicht hält. So auch ich. Das Ghasel ist eine schwierige, vor allem quasi monotone Form. Seine Regel fordert: auf das erste Reimpaar folge eine beliebige Reihe weiterer Doppelzeilen – doch in jeder zweiten Zeile muß der anfängliche Reim wiederkehren. Wie gesagt: eine monotone, ja einlullende Form – hoffentlich, meine Damen und Herren, nicht mit entsprechender Wirkung. Hier ist mein *Ghasel*:

Er ist nicht in Saigon und nicht im Hadramaut gewesen
noch wo man Opium raucht und wo man Betel kaut gewesen

Umsteiger war er meist wär lieber gradeaus gefahren
und was er sonst erfuhr ist nicht auf seiner Haut zu lesen

Er war korrekt rasiert trug Ober- und auch Unterhemden
Er zischte Bier doch gab beim Fußball keinen Laut am Tresen

Er las die Zeitung doch er hätte gern die Zeit gelesen
Er hat es nie gelernt in dem was man verdaut zu lesen

Er trank und speiste gern auch Bilder waren seine Speise
In Licht und Wasser schien gelöst und auferbaut: das Wesen

Er kommt mir oft im Traum als wolle er bald Abschied nehmen
Er schaut mich lange an als wär ich ihm vertraut gewesen

Das zweite meiner Gedichte hat mit Süden und Kunst, mit Schönheit und Schmerz zu tun; auch mit jenem sehr persönlichen Schmerz, über den man nicht anders sprechen kann als in Bildern und Andeutungen; und reimlos. Es zitiert den heiligen Sebastian des großen Mantegna, spielt in Venedig, in und bei der Ca' d'Oro, und heißt:

Mantegnas Sebastian

Ich zählte alle Pfeile
die er an seinem Leib trägt

die Stellen wo sie eintreten
die Stellen wo sie austreten
auch die versteckten

und vergaß über dem Zählen
den eigenen Schmerz

Ich trat hinaus in das Licht des Kanals
Zwischen Schmutz
und dümpelnden Plastikflaschen

trieb bäuchlings ein Teddybär
Da trat mir das Salz ins Aug

Ein *minor poet* – zumal wenn er älter wird – hat das Vorrecht, in kleinen Texten das auszudrücken, wovon auch die großen Gedichte, die großen Dichter sprechen. Eine Kunstrichtung der letzten Jahrzehnte nannte sich *arte povera*, ich möchte manches, was ich in letzter Zeit schreibe, *Arme Kunst* nennen. Etwa diese sieben Zeilen mit dem Titel:

Blick in den Hof

Während es anfängt zu schneien
schaukelt das Mädchen im Hof
schaukelt sich tief
ins wachsende weiße Dunkel
Glück ist ein Sekundenschlaf
Ich schaue auf: die leere Schaukel
schwingt noch ein wenig nach

Der Mensch, meine Damen und Herren, ist anwesend, auch dort, wo er schon verschwunden scheint. Die Schaukel schwingt nach. Das ist meine Hoffnung, und das wollte mein Dank sagen.

Anhang

Ode und Odenstrophen

Erläuternde Notiz, vor allem für die Leser der Essays über Britting und Greve

Die antike Form der Ode, wie wir sie wir bei Alkaios, der Sappho oder Horaz finden, ist in der deutschen Lyrik (von Klopstock und Hölderlin bis zu Josef Weinheber und Johannes Bobrowski) oft nachgebildet worden, doch (anders als etwa das Sonett) nur einer begrenzten Zahl von Lyriklesern wirklich vertraut. Dabei haben sich auch im 20. Jahrhundert etliche Lyriker für Odenstrophen interessiert, weil ihre strenge Regelung eine Alternative zu den freien Rhythmen wie zu den gängigen gereimten und alternierenden (jambischen oder trochäischen) Versmaßen bietet. Odenstrophen bieten beide rhythmischen Möglichkeiten: die gestaute, starre Fügung und den freien Fluß der Sätze über die Versgrenzen hinweg. Die metrische Regel ist keine Gängelung, sie ermöglicht – wenn der Dichter danach ist – die strengste, aber auch die natürlichste Sprachbewegung.

Seit Klopstock haben sich im wesentlichen drei antike Strophenformen durchgesetzt: die alkäische, die asklepiadeische und die sapphische Ode, benannt nach den Dichtern, von denen sie stammen, Alkaios, Asklepiades, Sappho.
Man lasse sich durch die Schemata und Begriffe nicht ins Bockshorn jagen.

Hölderlin, der sich im wesentlichen auf zwei Oden-Formen beschränkte, hat in ihnen das Tongeschlecht der einen wie der anderen ausgeprägt: So in der alkäischen Ode die hell-rasch stürmende Bewegung und in der asklepiadeischen ihren ausgewogen nachdenklichen Charakter.

Die alkäische Ode besteht aus zwei Elfsilblern, dazu einem Neun- und einem Zehnsilbler. Ihr Schema nach unbetonten (v) und betonten (–) Silben ist:

v – v – v – v v – v –
v – v – v – v v – v –
v – v – v – v – v
– v v – v v – v – v

Man lese etwa Hölderlins »An die Parzen« (1. Strophe):

Nur einen Sommer gönnt, ihr Gewaltigen!
Und einen Herbst zu reifem Gesange mir,
Daß williger mein Herz, vom süßen
Spiele gesättiget, dann mir sterbe.

Von der Familie der asklepiadeischen Strophen hat sich vor allem die sogenannte 3. asklepiadeische Strophe durchgesetzt. Sie besteht aus zwei kleinen Asklepiadeen, einem Pherekrateus (benannt nach dem attischen Komödiendichter Pherekrates) und einem Glykoneus (benannt nach dem hellenistischen Dichter Glykon):

– v – v v – | – v v – v –
– v – v v – | – v v – v –
– v – v v – v
– v – v v – v –

Dazu der Anfang von Klopstocks »Der Zürchersee«:

Schön ist, Mutter Natur, deiner Erfindung Pracht,
Auf die Fluren verstreut; schöner: ein froh Gesicht,
das den großen Gedanken
deiner Schöpfung noch einmal denkt.

Die sapphische Strophe besteht aus drei sapphischen Elfsilblern und einem Adoneus (benannt nach dem Klageruf »O ton Adonin« um den Tod des Adonis).

– v – v – v v – v – v
– v – v – v v – v – v
– v – v – v v – v – v
– v v – v

Man lese Brittings »Sommergefühl« (1. Strophe): :

Kurzer Sommer, glühender, bleib! Dein Anhauch
Zwar verdrießt das ängstliche Gras. Das Korn doch
Liebt dich, der sich rötende Wein. Die Grille
Singt dir ein Loblied.

Wer weitere Erklärung sucht, findet Auskunft in den Verslehren von Alfred Behrmann, Wolfgang Kayser, Gerhard Storz oder Christian Wagenknecht.

Nachweise

Bis auf eine Ausnahme sind die in diesem Buch versammelten Arbeiten in Zeitschriften oder Sammelwerken erschienen. Sie wurden für den Buchdruck überarbeitet und ergänzt.

Die Sache der Hände. Eine schüchterne Erinnerung. In: Merkur (600), März/April 1999.

Langeweile – die Ersatzmutter der Musen. Goethes Venezianische Epigramme. In: Neue Rundschau, 110. Jg. 1999, Heft 1.

Der Dichter und sein Schatten. Adelbert von Chamisso als Lyriker. In: Dieter Krusche (Hg.): Der gefundene Schatten. Chamisso-Reden 1985-1993. München: A 1 Verlag 1993.

Raddampfer, Mergelgrube, trunkene Flut. Über einige Motive der Droste. In: Droste-Jahrbuch 3 (1991-1996). Paderborn: Schöningh 1997.

Ich probierte auch einmal antike Maße. Georg Brittings Oden-Strophen. In: Georg Britting (1891-1964). Vorträge des Regensburger Kolloquiums 1991. Regensburg: Peter Lang 1993.

Der sachliche Romantiker. Erich Kästners Lyrik – wiedergelesen. In: Erich Kästner, Zeitgenossen, haufenweise. Werkausgabe Bd. I, München: Hanser 1998.

Wandloser Raum. Der Lyriker Ernst Meister. In: Ernst Meister Lesebuch. Köln: Nyland 2005.

Ikarus, Kassandra, graue Fee. Günter Kunerts Lyrik nach dem Utopie-Verlust. In: Neue Rundschau, 101. Jg. 1990, Heft 4.

Lethe und Memoria. Dem Dichter Robert Schindel zum Mörikepreis. In: Mörikepreis der Stadt Fellbach. Fellbach: 2000.

Emil oder die Engel. Zu den Gedichten Alfred Brendels. Typoskript zum Siemens-Musikpreis 2004 (unveröffentlicht).

Der Türke hinter dem Automaten oder Die verborgene Regel. Über einige Erfahrungen beim Schreiben von Gedichten. In: Machen oder Entstehenlassen. Akademie der Wissenschaften und der Literatur, Mainz. Stuttgart: Steiner 2001.

Hase und Hegel. Mein erstes Buch. In: Renatus Deckert (Hg.): Das erste Buch. Schriftsteller über ihr literarisches Debüt. Frankfurt am Main: Suhrkamp 2007.

Die Rückseite des Teppichs. Rede zum Würth-Preis für Europäische Literatur. In: Vierter Würth-Preis für Europäische Literatur. Künzelsau: Swiridoff 2005.

Bibliografische Information der Deutschen Nationalbibliothek

Die Deutsche Nationalbibliothek verzeichnet diese Publikation in der Deutschen Nationalbibliografie; detaillierte bibliografische Daten sind im Internet über http://dnb.d-nb.de abrufbar.

www.wallstein-verlag.de
Vom Verlag gesetzt aus der Stempel Garamond
Umschlaggestaltung: Susanne Gerhards, Düsseldorf unter Verwendung eines Motivs von Photodisc Getty
Druck: Friedrich Pustet, Regensburg
ISBN 978-3-8353-0181-8